EMPREENDEDORES
ESQUECIDOS

FÁBIO ZUGMAN

EMPREENDEDORES ESQUECIDOS

SEBRAE

ALTA BOOKS
E D I T O R A
Rio de Janeiro, 2017

Empreendedores Esquecidos — Um guia para médicos, advogados, contadores, arquitetos, psicólogos e outros profissionais administrarem melhor sua prática
Copyright © 2017 da Starlin Alta Editora e Consultoria Eireli. ISBN: 978-85-508-0182-7

A editora não se responsabiliza pelo conteúdo da obra, formulada exclusivamente pelo(s) autor(es).

Marcas Registradas: Todos os termos mencionados e reconhecidos como Marca Registrada e/ou Comercial são de responsabilidade de seus proprietários. A editora informa não estar associada a nenhum produto e/ou fornecedor apresentado no livro.

Impresso no Brasil.

Obra disponível para venda corporativa e/ou personalizada. Para mais informações, fale com projetos@altabooks.com.br

Copidesque
Fernanda Gomes de Amorim

Editoração Eletrônica
Estúdio Castellani

Revisão
Edna Cavalcanti | Roberta Borges

Produção Editorial
Elsevier Editora - CNPJ: 42.546.531./0001-24

Erratas e arquivos de apoio: No site da editora relatamos, com a devida correção, qualquer erro encontrado em nossos livros, bem como disponibilizamos arquivos de apoio se aplicáveis à obra em questão.

Acesse o site www.altabooks.com.br e procure pelo título do livro desejado para ter acesso às erratas, aos arquivos de apoio e/ou a outros conteúdos aplicáveis à obra.

Suporte Técnico: A obra é comercializada na forma em que está, sem direito a suporte técnico ou orientação pessoal/exclusiva ao leitor.

A editora não se responsabiliza pela manutenção, atualização e idioma dos sites referidos pelos autores nesta obra.

CIP-Brasil. Catalogação na fonte
Sindicato Nacional dos Editores de Livros, RJ

Z86e
    Zugman, Fábio, 1979-
        Empreendedores esquecidos : um guia para médicos, advogados, contadores, arquitetos, psicólogos e outros profissionais administrarem melhor sua prática / Fábio Zugman. – Rio de Janeiro: Alta Books ; São Paulo: SEBRAE-SP, 2017.

        Inclui bibliografia
        ISBN: 978-85-508-0182-7

        1. Pequenas e médias empresas – Administração. 2. Profissionais liberais. 3. Prestação de serviços. 4. Orientação profissional. 5. Profissões – Desenvolvimento. I. SEBRAE/SP. II. Título.

11-1076.   CDD: 658.022
                                                    CDU: 005.71-022.51/.55

Rua Viúva Cláudio, 291 — Bairro Industrial do Jacaré
CEP: 20970-031 — Rio de Janeiro - RJ
Tels.: (21) 3278-8069 / 3278-8419
www.altabooks.com.br — altabooks@altabooks.com.br
www.facebook.com/altabooks

Sumário

Introdução.. I

CAPÍTULO 1
Vocação ou negócio?................................ 6
Você, sua vocação e sua profissão. Por que, se somos bons no que fazemos, ainda assim, podemos falhar no mercado? O que é administração, afinal?

CAPÍTULO 2
Administração do tempo 18
Tempo: o recurso mais importante para um profissional. Como se organizar hoje e lidar com o futuro; como escolher e atingir seus objetivos? Como fazer tudo isso para sermos cada vez melhores e para nossa satisfação pessoal e de nossos clientes?

CAPÍTULO 3
Conhecendo seu negócio: características dos serviços........ 60
Mergulho de cabeça na prática profissional. Como formatar sua atividade? Como lidar com as questões, desejos, problemas e inseguranças das pessoas que você escolheu servir? Se tudo der certo, você nunca mais verá sua prática da mesma maneira.

CAPÍTULO 4
Administrando valor................................ 82
O que é valor e por que ele é importante. Como o valor é criado e o que podemos fazer para melhorar esse processo? A equação do valor, que não exige contas, nos ajuda a fazer mais com menos. Assuntos que pesam em seu bolso, e nos de seus clientes, são abordados.

CAPÍTULO 5
Realizando mudanças 99
Como colocar a mão na massa – não podemos ficar só na conversa. Como conseguir mudar? Algumas ideias e erros a evitar. Se tudo mais falhar, você ganha uma lista rápida de coisas a fazer quando faltarem ideias.

Conclusão 109
Agora é sua vez de partir para a ação.

Indicações de Leitura 111

Introdução

ESTE LIVRO é para os empreendedores esquecidos.

Contadores, médicos, advogados, arquitetos, psicólogos, cabeleireiros, consultores, dentistas, personal trainers e todos os prestadores de serviços profissionais se enquadram nessa categoria.

Existe uma infinidade de livros voltados a empreendedores – aquelas pessoas que resolvem abrir seu próprio negócio para ganhar a vida. Esses pequenos empresários possuem uma montanha de cursos, assessores, métodos e livros para ajudá-los a gerir suas atividades.

Também não faltam livros às grandes empresas. Para todas as atividades, objetivos e gostos, há um professor, livro, curso ou consultor disposto a ajudar.

No meio disso tudo, os prestadores de serviço profissionais acabam esquecidos. Possuem tantos problemas quanto qualquer outro. Como se colocar melhor no mercado? Como estruturar sua prática? Como planejar sua carreira para chegar aonde quer? Como se preparar para os meses de baixo movimento?

Com essas questões e mais algumas, muitos começam a se informar e buscar ajuda. Em minha experiência, seja por desejo, seja por necessidade, disposição não falta. Assim, pessoas das mais diversas áreas passaram a frequentar cursos e a se informar sobre assuntos voltados à administração. O problema é que a maioria desses cursos são feitos por, e para, administradores. Mesmo os voltados a profissionais de outras áreas acabam sendo apenas uma releitura das teorias da administração, com alguns exemplos mais variados. Esses cursos podem até funcionar, mas, na maior parte das vezes, os profissionais acabam recebendo conhecimentos genéricos, difíceis de serem aplicados em suas práticas específicas.

Não é isso que os profissionais buscam. Por mais que aprender o vocabulário da administração possa ser útil a qualquer um, um médico, advogado ou contador possui problemas e questões específicas. Não adianta querer igualá-lo ao dono de um pequeno comércio. Frustrados e com dificuldades, muitas dessas pessoas sentem-se sós para lidar com seus problemas.

2 EMPREENDEDORES ESQUECIDOS

Este livro é para essas pessoas.

Dizer que alguém é um prestador de serviço profissional é dizer que essa pessoa possui conhecimento técnico e utiliza esse conhecimento para atender pessoas e empresas.

Na maior parte das vezes, o prestador de serviços profissionais está sozinho no mundo. Ao contrário do mundo empresarial, onde, por mais que reclame, o profissional possui uma empresa e estrutura para ampará-lo, as relações dos prestadores de serviço com empresas e outras estruturas são quase sempre passageiras.

As diferenças não param por aí. Ao contrário do empreendedor que abre uma loja no shopping para ganhar dinheiro, o prestador de serviço geralmente responde a uma vocação, e possui mais lealdade à profissão do que ao desejo de ganhar dinheiro. Talvez por isso, dedique a maior parte de seu tempo a aprender e se aperfeiçoar nas técnicas e nos conhecimentos que possam auxiliá-lo a realizar melhor sua atividade, em vez de olhar para o retorno financeiro de cada uma delas.

Por essas e outras diferenças que veremos neste livro, o prestador de serviços profissionais tem necessidades próprias. Administrar uma prática profissional não é o mesmo que administrar uma empresa, e muitos profissionais prefeririam morrer antes de serem vistos como empresários.

Contudo, ainda que diferentes da imagem do senso comum, eles são empreendedores. É preciso administrar a própria carreira, as relações com instituições e empresas, a própria prática, geralmente identificada como uma pessoa jurídica como qualquer empresa.

A maioria dos prestadores de serviços profissionais com os quais tive contato até reconhece a importância de administrar melhor sua prática, mas não quer ou acha que não quer se dar ao trabalho de fazê-lo.

Administração não é seu campo de atividade, e os cursos e livros sobre o assunto parecem um tanto enfadonhos. Você não quer saber os nomes técnicos das coisas nem a opinião dos teóricos que as inventaram. Essa não é sua área, mas ela pode ajudá-lo.

A maioria dos profissionais percebe que precisa de algum conhecimento de administração justamente quando sente sua falta. Quando as contas do mês não fecham, quando seus clientes não o procuram mais, quando você vê seus colegas de profissão tomando a dianteira enquanto se vê ficando para trás... Na hora

INTRODUÇÃO **3**

do aperto e da dificuldade é que muitos se arrependem de não terem tentado aprender um pouco mais sobre como administrar sua prática.

A administração é o campo de conhecimento que busca fazer as organizações funcionarem melhor. Meu objetivo aqui é ajudá-lo a fazer isso com sua prática. Não quero torná-lo um especialista no assunto. Muito pelo contrário, quero lhe dar os meios para que você possa se tornar cada vez melhor em sua profissão de escolha.

Entendo que administração não é sua área de formação, e, por isso mesmo, reduzi ao máximo os comentários mais teóricos. Quando isso não foi possível, enviei-os para uma ou outra nota de rodapé. O leitor interessado em aprofundar seus conhecimentos encontrará uma lista de referências no fim do livro, mas evitei importuná-lo com citações ao longo do texto. Espero atrair um maior número de profissionais para a leitura, sem decepcionar aqueles que buscam mais detalhes. Todas as ideias aqui têm uma consistente base na área de administração, mas foram adaptadas para o uso na prática profissional.

O COMEÇO

As raízes deste livro foram lançadas há sete anos, quando lancei *Administração para profissionais liberais*. A proposta do livro era simples: pegar um punhado de coisas da área de administração e apresentá-las, de maneira fácil, a um público pouco acostumado ao assunto.

De lá para cá, muita coisa aconteceu. Conto mais quatro livros em meu currículo e, mais importante, recebi um retorno significativo de leitores e alunos.

Com certa satisfação, também vi o aparecimento de mais publicações e cursos na área. Antes tema obscuro, hoje temos revistas, livros e cursos direcionados a profissionais liberais espalhados por todo o país.

Nesse tempo, as palestras que dei, os contatos e retornos do público me ajudaram a identificar toda uma nova categoria de problemas, o que me motivou a escrever o livro que você tem em mãos. Enquanto meu primeiro livro se preocupava com partes mais específicas da administração, como Marketing e Estratégia, este se preocupa com a prática profissional em si. Este livro,

4 EMPREENDEDORES ESQUECIDOS

espero, dará a você a oportunidade de reavaliar sua carreira e prática profissional como um todo.

Em meu primeiro livro, repeti diversas vezes que a grande questão para o sucesso profissional não é conhecer uma ou outra técnica específica, mas sim uma questão de mentalidade. É justamente nesse ponto que acho que a maioria dos consultores e dos cursos sobre o assunto erra, por mais bem-intencionados que sejam.

Qualquer técnica só faz sentido se soubermos o que estamos fazendo. Em todo caso, com a mentalidade certa, podemos abrir mão do preciosismo metodológico e descobrir aquilo que melhor funciona para o nosso caso. É a velha diferença entre dar um peixe para alimentar alguém com fome ou ensiná-lo a pescar.

A boa notícia é que não precisamos das pilhas de planilhas e técnicas sofisticadas do mundo empresarial. Por isso você não encontrará nada parecido neste livro. Em nosso caso, é mais importante aquilo que está na sua cabeça, e em como você se organiza para tornar esses pensamentos realidade.

É bom dizer que este livro não é uma segunda edição ou releitura do *Administração para profissionais liberais*. Claro, sugiro que você leia ambos, mas não é necessária a leitura de um para entender o outro. Se você não leu o primeiro, ficará confortável com a leitura deste. Se leu o primeiro e resolveu testar este aqui, seja bem vindo de volta.

Este livro é direcionado a todos aqueles que administram sua própria prática profissional, de advogados e médicos a pequenos empresários e profissionais técnicos trabalhando em empresas. Basicamente, se você possui conhecimento específico em alguma área e depende desse conhecimento para viver, o livro é para você.

O PRESTADOR DE SERVIÇO PROFISSIONAL

Este é um livro destinado a provedores de serviços profissionais. O que isso significa?

Significa que provavelmente você recebeu treinamento ou desenvolveu conhecimento em uma área específica. Esse conhecimento aplicado resulta em um ou mais processos que definem a sua profissão.

Peguemos uma receita de pão de queijo. O que é uma receita, senão um conjunto de instruções? É claro que a primeira vez que você experimentar fazê-la, sem ajuda alguma, provavelmente se

INTRODUÇÃO **5**

dará mal. Apenas seguindo-a passo a passo, de preferência sob supervisão de alguém que já domina o processo, o pão de queijo resultará em algo agradável ao paladar.

O mesmo ocorre em qualquer classe profissional. Um advogado recebe um conjunto de leis. (Aliás, o que são as leis de um país senão um sofisticado manual de instruções?) À medida que entra em contato com sua profissão, esse advogado terá a oportunidade de conhecer mais a fundo uma área qualquer e se especializar. Como no caso da receita, alguém poderá servir de supervisor, dizendo como lidar com uma ou outra situação, e dando as "dicas" do mundo real que encontramos quando resolvemos usar a receita para fazer pão de queijo. Um padeiro experiente pode ensinar como identificar quando um pão de queijo está no ponto de sair do forno da mesma maneira como um advogado experiente pode ensinar o melhor modo de estruturar um contrato. Com o tempo, o próprio profissional adquire maestria e aprende a lidar com as nuances de sua área, se tornando um profissional cada vez melhor – ou ao menos é assim que deveria ser.

Acontece que o conhecimento profissional, seja o de como fazer um belo pão de queijo, montar um contrato ou realizar uma cirurgia cardíaca, por si só não garante o sucesso no mercado.

Dominar o processo é seu bilhete de entrada, não a garantia de chegar lá.

Para entender isso, e o que podemos fazer a respeito, vamos expandir nosso exemplo e mergulhar de cabeça no mundo dos pães de queijo.

CAPÍTULO **1**

Vocação ou negócio?

VAMOS COMEÇAR ESTE LIVRO com uma dose de imaginação: imagine que, num belo dia, você esteja fazendo uma daquelas faxinas que só acontecem a cada década e, no fundo do armário, encontre um tesouro há muito perdido: a receita de pão de queijo da vovó.

Como por passe de mágica, memórias há muito tempo esquecidas rapidamente voltam à sua mente. O cheiro do pão de queijo assando, a cozinha, o balcão em que você observava e esperava ansiosamente durante a preparação do que julgava ser a coisa mais deliciosa do mundo. A vovó apanhando ingredientes pela cozinha enquanto, nos intervalos, fazia um agrado aos netos ansiosos.

Esse não era um simples pão de queijo, era uma obra de arte. Em uma época em que as coisas eram mais simples, você se lembra da vizinhança inteira ser atraída pelo cheiro e todos sabiam, sábado era dia de ir à casa da vovó experimentar um pouco dessa iguaria enquanto conversávamos com amigos, familiares e vizinhos.

"Quer saber? Eu era mais feliz nessa época." Você pensa, enquanto toma uma decisão que vai marcar sua vida: chega de sua profissão, você vai fazer e vender o pão de queijo da vovó.[1]

Abandonando todo o resto, você sai pela cidade à procura de um ponto, e finalmente encontra: em uma região comercial, com um grande movimento de pedestres, você decide que encontrou o lugar onde recriará a mágica de sua avó.

Você aluga o ponto, banca uma bela reforma. Pratica a receita até ela ficar perfeita, e finalmente abre as portas.

No início, as vendas do "pão de queijo da vovó" são meio lentas. Você vai tranquilamente uma vez por semana ao mercado,

---

[1] Esse exemplo é inspirado pelo livro *The E-Myth Revisited: Why Most Small Business Don't Work and What to Do About it*, de Michael E. Gerber.

adquire os melhores ingredientes, faz seus pães de queijo e espera pacientemente pelos clientes.

Ainda bem que você tinha uma reserva financeira, pois ainda não é possível pagar todas as contas. Por outro lado, você começa a gostar da vida simples e tranquila que arranjou para si. Você descobre os melhores horários para fechar a loja e lidar com questões como ir ao banco e pagar as contas, ou até quando escapar mais cedo para curtir um tempo livre.

Com o tempo as coisas começam a engrenar. Você consegue alguns clientes fiéis e a cada dia mais pessoas entram na loja. Parabéns! Você já consegue pagar suas contas com sua nova atividade.

Por outro lado, você precisa passar o dia todo na loja. O movimento não lhe permite mais sair confortavelmente para cuidar dos seus problemas. O volume também criou um novo problema: você precisa de mais ingredientes para fazer mais pão de queijo, que serão consumidos por mais clientes, que merecem atenção e deixarão mais sujeira para você limpar.

O dinheiro está entrando, mas suas horas ficam mais longas, o tempo fica mais curto. Após algum tempo, você decide que é hora de arranjar ajuda. Perguntando aos conhecidos, logo fica sabendo de fulano, um ótimo rapaz que está procurando emprego.

Feliz da vida, no primeiro dia de trabalho você diz a fulano para ficar por ali e ir pegando o jeito da coisa. Ele observa por sobre o seu ombro enquanto você passa pelos procedimentos da fantástica receita da vovó, aprende a abrir a loja e receber os clientes e fica até o final do dia para aprender a limpar e fechar a loja.

No dia seguinte, fulano acorda mais cedo e o acompanha até o mercado antes da loja abrir. Você ensina a ele como escolher cada ingrediente e ele, feliz da vida, ajuda a carregar os pacotes até o carro. Será que agora as coisas melhoram?

Em pouco tempo, fulano já pode fazer as próprias tarefas. Você vai um pouco mais tarde ao mercado enquanto ele abre a loja. Você chega e já encontra o forno aquecido para receber o maravilhoso pão de queijo. Enquanto você trabalha na cozinha fulano começa a atender os primeiros clientes, servindo um café aqui, um cappucino ali enquanto fornadas de pão de queijo começam a sair.

Tudo fica mais fácil: a loja se mantém limpa durante o dia e você pode revezar com fulano as funções do dia a dia. Não é preciso mais fechar a loja e ir correndo ao banco, muito menos ser o primeiro a entrar e o último a sair. Você confia em fulano para dividir todas as funções e finalmente tem tempo para colocar o livro-caixa da empresa em ordem.

Em um dia você vai até o mercado e compra os ingredientes enquanto fulano está abrindo a loja. Você chega e prepara o pão de queijo enquanto fulano atende os clientes. Depois de prontos, você passa o dia no caixa enquanto fulano atende os clientes pessoalmente e limpa as mesas. Fulano fecha a loja enquanto você vai para casa cuidar do livro-caixa.

No outro dia fulano vai até o mercado enquanto você chega antes para abrir a loja e deixar entrar os primeiros clientes que já aguardam do lado de fora. Enquanto a loja faz cada vez mais sucesso, fulano chega com os produtos, prepara os pães enquanto você continua atendendo os clientes. Fulano vai até o caixa enquanto é sua vez de atender clientes e limpar mesas. Você fecha a loja e fulano sai mais cedo para pagar algumas contas.

O negócio é um sucesso. Vocês se revezam em tudo, e rapidamente você divide todas as tarefas com seu leal funcionário. Estão os dois trabalhando muito, mas felizes com o sucesso.

E num dia você acorda mais cedo e vai ao mercado enquanto fulano abre a loja. Um dia você sai e vai até o contador, no outro é a vez dele resolver alguma pendência com um fornecedor. Num dia você fica até mais tarde e fecha a loja, em outro, ele fica, e em alguns dias, os dois fecham juntos.

Até que, num belo dia, você e fulano levam um susto: encontram-se na porta da loja, no horário de abrir, sem ter os ingredientes para fazer pão de queijo. Vocês não sabiam de quem era a vez de ir ao mercado, e ambos assumiram que era a vez de outro. Nesse dia, alguns clientes ficam sem seu pão de queijo matutino, outros esperam, enquanto um senhor que passava sempre por ali e resolveu experimentar o produto, ao descobrir que a loja ainda não está servindo nada vai embora para nunca mais voltar.

Tudo bem, acidentes acontecem, e vocês continuam tocando o barco. Até que, em outro dia, você abre a loja e descobre que ela está suja do dia anterior. Era a sua vez ou a de fulano de limpar a loja antes de fechar? Na outra semana você descobre uma conta atrasada no fundo da gaveta. Quem ficou de ir ao banco mesmo?

Enquanto esses acidentes começam a aparecer, algo mais acontece: um pouco da mágica começa a sumir. Tem dias que o local está sujo. Comprados às pressas, em alguns dias os ingredientes não estão tão frescos e bem escolhidos. Enquanto um está ocupado resolvendo uma pendência ou esquecimento, o outro é deixado sozinho em horários importantes, piorando a qualidade do atendimento.

Os clientes começam a sumir. Em face de problemas financeiros você faz o que sabe fazer melhor: trabalha cada vez mais. Com longas jornadas de trabalho, vocês continuam se atrapalhando com o andamento do estabelecimento. Com cada vez menos clientes, você recorre à última solução: reduz os preços.

Alguns clientes voltam, mas agora sua situação está mais apertada: com preços mais baixos, você não pode bancar os melhores ingredientes. A diferença é imperceptível, você pensa, mas a verdade é que o pão de queijo da vovó não é mais o mesmo.

Em um dia qualquer, você vai até sua loja e vive o pesadelo de todo empreendedor: na esquina da sua quadra, alguém observou sua situação e decidiu que podia competir com você. O "pão de queijo do vovô" passa a competir diretamente com você. Com um produto tão bom quanto o seu, mas com belos sofás e internet de graça o novo competidor passa a incomodar.

Com cada vez menos clientes, você se sente cada vez mais confuso. As contas precisam ser pagas e quem sofre é seu estabelecimento. O pão de queijo não é mais tão gostoso, a loja não é mais tão limpa. Os clientes não são mais os mesmos...

É preciso dizer o que vai acontecer? É até possível que você consiga mudar a situação, mas acho isso improvável. Se eu tivesse que apostar, diria que você seria arrastado cada vez mais para o fundo, até que, sem opção, fosse forçado a abandonar o sonho e fechar as portas do "pão de queijo da vovó". Talvez em alguns anos você se pegasse sentado no balcão do "pão de queijo do vovô", contando sua experiência a seu velho concorrente.

ADMINISTRAR *VERSUS* TRABALHAR

Nossa história, apesar de simples, tem muito a ensinar. O que você acha que faltou à nossa empresa de pão de queijo? Você tinha um belo ponto, uma bela loja, clientes fiéis e, sobretudo, não só possuía a belíssima receita da vovó como podia executá-la à perfeição.

À medida que o tempo passou, problemas começaram a surgir. Suprimentos não chegaram, clientes ficaram insatisfeitos e contas não foram pagas. A qualidade do atendimento começou a cair e o que começou como um belo estabelecimento acabou como um simples reflexo daquilo que podia ter sido.

A loja de pão de queijo não falhou por causa de dinheiro, por ter um produto ruim, por falta de funcionários ou algum outro recurso. Ela falhou por falta de administração.

O que é administrar? Existem literalmente milhares de definições. Uma boa resposta seria algo como "organizar recursos de forma produtiva". No nosso caso, podemos dizer que **administrar é tudo aquilo que fazemos para poder executar nosso trabalho em paz.**

Sim, eu sei, você não é administrador, nunca estudou e não gosta de administrar.[2] Você optou por sua profissão e é feliz com ela. Ótimo. Como dono da loja de pão de queijo você também gostava de fazer pão de queijo. Se eu lhe perguntasse, provavelmente me responderia que se pudesse passaria o dia inteiro fazendo e servindo pão de queijo, e que nada lhe deixa mais feliz.

Como nosso exemplo deixou claro, apenas dominar um processo profissional não basta. O problema é que qualquer prática profissional exige administração. Em nosso caso, podemos encarar a administração como um fator higiênico: ela limpa toda a confusão do dia a dia, nos permitindo concentrar forças onde realmente gostamos.

E aqui chegamos a uma das maiores confusões sobre o que é administração. Muitos profissionais se afastam dela e optam por ir tocando sua prática por receio de que administrar seja algo chato e trabalhoso. Essa é a imagem que temos da administração: chefes gritando e funcionários correndo de um lado para o outro o dia inteiro. Na verdade, nada podia estar mais errado. A boa administração não é correr para um lado e para o outro. A boa administração é aquela que não aparece.

Outro fator relacionado à boa administração é um bom resultado financeiro. Isso quer dizer que lendo este livro, analisando suas atitudes, juntando algumas das ideias escritas aqui com outras que passam pela sua cabeça durante a leitura, e trabalhando para mudar algumas de suas práticas profissionais, este livro também o levará – esperamos – a ganhar mais dinheiro.

---

[2] Prefiro dizer que você acha que não gosta de administrar, já que a maioria das pessoas se refere à administração como o caos de nosso exemplo do pão de queijo, e não do modo correto de se administrar um negócio.

Ganhar mais dinheiro: em aulas, palestras e até alguns contatos que tive de leitores, é comum escutar profissionais preocupados com essa frase. Isso porque o prestador de serviços profissionais é um pouco diferente de outros tipos de profissionais. Muitos escolheram sua profissão por vocação, sabiam o que queriam desde que eram crianças e não se imaginam fazendo outra coisa. Outros, geralmente ligados à área de saúde, possuem um legítimo objetivo de ajudar as pessoas com seu conhecimento. Quando trabalham em empresas, a grande maioria dessas pessoas sente-se mais leais e ligadas aos seus colegas de profissão e seus conselhos profissionais do que a seus empregadores atuais. A motivação em boa parte das vezes não é econômica, ou somente econômica.

E boa parte desses profissionais me diz que não precisa ou quer aumentar seus ganhos. Muitos sentem que fazendo isso estariam prejudicando de alguma maneira seus clientes, e tornando seus serviços menos acessíveis àqueles que precisam deles.

Não exagero quando digo que já vi pessoas saírem legitimamente brabas em seminários sobre competição e administração profissional. Na verdade, isso é fruto de uma questão mais básica. A maioria das pessoas recebeu pouco ou nenhum treinamento em economia, e muitos são treinados desde crianças a ver a troca econômica como um jogo em que para um ganhar outro tem que perder. Assim, para eu ter lucro, você deve perder. Nessa visão econômica chamada tecnicamente de "soma-zero", não é possível ambos trabalharmos juntos e sairmos ganhando ao mesmo tempo numa transação.

Felizmente, essa visão um tanto rígida se mostra falsa na maioria dos casos práticos. A vida econômica abre espaço para que valor seja criado entre os participantes de uma economia. À medida que você otimiza o uso de recursos em sua prática, poderá oferecer um serviço melhor a seus clientes. Seja em uma melhor estrutura, adquirindo produtos e ferramentas mais atualizadas, frequentando cursos e ampliando seu leque de ofertas, mais recursos podem ser transformados em melhores serviços. Isso também é válido na outra ponta: o preço que você cobra pelo seu serviço. Muitos profissionais descobrem, não sem uma bela surpresa, que ao aumentarem seu preço para poder oferecer um melhor atendimento, tornam seus clientes mais, e não menos, fiéis e satisfeitos.

12 EMPREENDEDORES ESQUECIDOS

O objetivo deste livro não é fazer você abandonar sua linha profissional e transformá-lo em um administrador. Muito pelo contrário. O objetivo deste livro é fornecer meios para você pensar, se organizar e administrar seu negócio de uma maneira melhor. Fazendo isso, você verá que tudo que puder oferecer a seus clientes no dia a dia também será melhorado.

ARRUMANDO A CASA

Vamos voltar à nossa loja de pão de queijo. Como poderíamos alterar nossa história com um pouco de boa administração?

Antes de mais nada, vamos levar nossa atenção a algumas características que sua atividade profissional tem em comum com a loja de pão de queijo. Assim como os "empreendedores esquecidos", o empreendedor de nossa história possui um conhecimento específico, desenvolvido por anos de aprendizado na casa da vovó, pelo estudo da receita e pela experiência prática de como escolher os melhores ingredientes e realizar o processo da melhor maneira possível.

Assim como você, ele vê sua atividade como uma vocação. Ele adora fazer pão de queijo e gosta mais ainda da ideia de passar o resto da vida fazendo isso.

Naturalmente, seu foco é o processo. Dedica-se cada vez mais a sua prática; da temperatura ideal do forno à quantidade certa de cada ingrediente e, quanto melhor saírem seus pães, ele pensa, mais clientes virão e mais ele poderá fazer aquilo que ama.

Não há nada de errado em focar a maioria de seus esforços naquilo que você realmente é bom. Na verdade, isso é até desejável. O erro é achar que só isso basta. Que, ao ser bom em nossos processos, todo o resto dará certo.

Como vimos, no mundo real não é bem assim. O melhor pão de queijo do mundo foi atrapalhado por uma infinidade de coisas que dificultaram sua produção e acabaram atingindo-o diretamente com a falta de bons ingredientes e até de dinheiro para comprá-los.

E é aqui que começamos a falar de administração. Como vimos, administração é tudo aquilo que fazemos para poder trabalhar em paz. Mas o que, exatamente, isso significa?

Significa que o melhor modo de arrumar nosso exemplo do pão de queijo é acabar com a correria, ou seja, com as decisões feitas às pressas e a falta de organização de cada atividade rotineira. O ajuste do dia a dia da pequena loja às atividades que precisamos que sejam feitas nos ajudaria a trabalhar cada vez mais e melhor – e evitaria o triste final de nossa história.

Vamos voltar nossa história um pouco após a abertura da loja. Todo começo é um pouco incerto. O proprietário não sabe direito como será sua rotina, quais necessidades que não estavam no planejamento, qual o fluxo de recursos com o qual poderia contar, quanto isso demandaria de seu tempo, e outros fatores que só o dia a dia nos ensina.

Ainda assim, um novo negócio é um novo negócio, e provavelmente ele teria algumas horas vazias a sua disposição durante o dia. Não só isso, mas após um ou dois meses, teria uma boa ideia das atividades que devem ser feitas no dia a dia.

Vamos dizer que nesse período, antes sequer de precisar contratar fulano, você se adianta e resolve preparar sua empresa para crescer. Como faria isso?

Uma boa maneira de começar é identificar as atividades de determinada prática profissional. Para manter o exemplo simples, digamos que você chegou à conclusão de que há oito atividades a serem feitas para manter a loja de pão de queijo em bom funcionamento:

Compra de Ingredientes	Abertura e Limpeza da Loja	Realização do Processo – Fazer Pães de Queijo
Atender Clientes	Limpar Mesas	Limpar Ambiente (vitrine, banheiros etc.)
Fechar Loja	Atualizar Contas ao Fim do Dia	

14 EMPREENDEDORES ESQUECIDOS

Perceba que para conseguir ficar em paz e realizar sua prática com maestria, há sete outras coisas que precisam ser feitas. No momento, todas elas são feitas por você. Isso não quer dizer que não deva identificá-las. Pelo contrário. Mesmo para quem trabalha sozinho, esse é o primeiro passo para a boa administração profissional.

As identificar essas oito atividades, você começa colocando um tempo e horário em que cada tarefa deverá ser realizada. Além de facilitar o planejamento de seu dia a dia, separar sua prática nas atividades que ocorrem facilita administrar os vários papéis que deve desempenhar em seu dia a dia. O dono da loja de pão de queijo, apesar de amar fazer pães de queijo, sabe que, em determinado momento do dia, deverá ocupar a função de limpador de vitrines. Assim fica mais fácil "tirar" a roupa de cozinheiro e colocar a de limpador. Nesse momento ele não é mais o grande cozinheiro, mas o responsável pela manutenção do local.

A simples separação em atividades pode facilitar a vida de muitos profissionais. Assim, é mais fácil para um médico tirar o jaleco, um advogado tirar a gravata, e realizar aquelas pequenas atividades administrativas que incomodam a muitos de nós. Nesse momento você não será um profissional, ou pelo menos não o mesmo profissional. O empreendedor sabe que passará por diversas mudanças durante o dia. Começará de manhã, vestindo a camisa de comprador, virará cozinheiro, depois atendente e, por último, contador.

> Identifique e separe as atividades necessárias para que sua prática profissional ocorra. Quantas camisas você precisa vestir?

Continuando nosso exemplo, vamos ao momento em que você não consegue mais fazer todas as atividades. É a hora de contratar alguém para ajudá-lo. Mas agora isso ficou fácil.

Você seleciona as atividades de sua empresa e começa a escrever um nome em cada quadro. Vamos dizer que, como você é o especialista, continuará realizando o processo de produção de pão de queijo. Também quer comprar e escolher os ingredientes e manter o controle de suas finanças. O resto distribui conforme a seguir:

Compra de Ingredientes **VOCÊ**	Abertura e Limpeza da Loja **FULANO**	Realização do Processo – Fazer Pães de Queijo **VOCÊ**
Atender Clientes **FULANO VOCÊ**	Limpar Mesas **FULANO VOCÊ**	Limpar Ambiente (vitrine, banheiros etc.) **FULANO**
Fechar Loja **VOCÊ & FULANO**	Atualizar Contas ao Fim do Dia **VOCÊ**	

Após pensar sobre o assunto, você decide que a abertura da loja, o atendimento a clientes e a limpeza das mesas e do ambiente serão responsabilidade de fulano, que dividirá com você também o trabalho de fechar a loja. Para não deixar que a carga recaia sobre ele, você se coloca em segundo lugar nos itens "Atender Clientes" e "Limpar Mesas". Isso significa que, tendo tempo disponível ao fim de seus afazeres, você ajudará fulano nessas atividades. Note que, apesar de ser o chefe contratante, nessas atividades você será subordinado ao funcionário. A princípio, a organização das funções na empresa não tem a ver com propriedade, mas sim com responsabilidades e especialização.[3]

Compare agora nossa loja de pão de queijo com nossa primeira história. Com certeza nossas chances de fazer o negócio dar certo são muito melhores. É claro que imprevistos acontecem, mas a confusão, conflitos e complicações que você e fulano tinham para realizar tudo que precisavam em seu dia a dia nunca aconteceram, apenas com um simples desenho e separação clara de atividades.

Veja que não foi preciso nenhum esforço ou conhecimento sobre-humano. Nem que você deixasse de fazer aquilo que

---

[3] Essa é a tão chamada "delegação de autoridade" em administração, que nada mais é que deixar seus funcionários fazerem aquilo que sabem fazer melhor.

realmente gosta para "administrar" seu negócio. Muito pelo contrário, com uma simples organização aumentaram as chances de você continuar a fazer aquilo que gosta por muito mais tempo e com melhores perspectivas do que antes.

A facilidade não acaba por aí. Vamos dizer agora que você quer que sua atividade cresça cada vez mais. Agora isso também fica mais fácil. Basta continuar redirecionando profissionais e atividades. Se a cozinha toma todo seu tempo, pode contratar outro profissional para dividir as outras atividades com fulano, estabelecendo claramente as atividades e responsabilidades de cada um.

Novas atividades podem ser adicionadas – digamos que sua loja cresceu e além de duas pessoas no atendimento você precisa de outra cumprindo uma nova atividade: ficar no caixa e no balcão. Para isso, basta adicionar um quadrinho ao seu mapa e pronto.

Se quiser aumentar o número de lojas ou mesmo montar um sistema de franquias, você também terá mais facilidade. Pode criar uma atividade administrativa e contratar alguém para manter as finanças da empresa em dia, pode inserir um setor de marketing para fazer a divulgação e adequar melhor sua empresa no mercado, e também ficará mais fácil definir as funções que podem ser compartilhadas por todas as lojas como a compra de ingredientes, e até quais devem existir em cada local, como a limpeza.

O RACIOCÍNIO DE ADMINISTRAR SUA PRÁTICA

Nessa introdução, saímos de um caso perdido – um empreendedor com dificuldades para manter sua loja funcionando. Com algumas alterações bem simples, aumentamos significativamente as chances de essa pessoa ter sucesso. Não prometemos que ela conseguirá transformar sua pequena loja em uma grandiosa franquia nacional, nem se é isso que o empreendedor deseja. Mas prometemos, por meio de nossa intervenção, que, no mínimo, nosso empreendedor continuará seu negócio por mais um dia.

Aproveitamos esse caso para mostrar a você o que está na essência da administração. Nem sempre são necessárias planilhas e métodos sofisticados.[4] Por isso, este livro foca sobretudo no modo

---

[4] Cá entre nós, quanto mais sofisticados os processos e planilhas, maiores as chances de que deem errado.

como pensamos nos problemas, e em como nos organizamos para lidar com eles.

O que busco neste livro é mostrar uma maneira de pensar mais prática sobre sua atividade profissional. Essa maneira, além de permitir que você se torne cada vez melhor naquilo que realmente escolheu para fazer de sua vida, ainda tem chances de lhe trazer maiores recompensas pessoais e profissionais.

No restante deste livro vamos tratar de algumas questões comuns aos prestadores de serviços profissionais. Começaremos com o modo que utilizam e planejam seu tempo, assunto que envolve planejamento de carreira e organização e planos para o futuro de cada um. Depois falaremos da experiência total que um cliente tem quando nos procura como profissionais. Em seguida, falaremos um pouco do processo de criação de valor. Com alguma sorte, nesse ponto já teremos uma boa ideia do que, afinal, oferecemos às pessoas que nos procuram e como fazer para atendê-las de maneira cada vez melhor. Por último, para não corrermos o risco de ficar só na conversa, discutiremos como iniciar e administrar um processo de mudança em sua prática, além de lhe dar algumas direções rápidas de como e onde mudar quando se sentir sem direção.

Espero que você goste do resultado desse trabalho tanto quanto gostei de realizá-lo para você.

CAPÍTULO **2**

Administração do tempo

EXPLORAÇÃO *VERSUS* UTILIZAÇÃO

Um dos bens mais preciosos da atividade profissional é o tempo. Isso ocorre por dois motivos. O primeiro é que o tempo é a unidade padrão da troca econômica. Isso quer dizer que a grande maioria dos profissionais vende seu tempo. Ligue para um consultório médico e a secretária tentará encaixar você na agenda do profissional e lhe passará um preço por utilizar aquele tempo. O mesmo ocorre com o advogado, o consultor ou o técnico de informática que arruma seu computador de vez em quando.

A maioria dos profissionais possui uma noção intuitiva disso: o tempo é seu maior produto, e vendê-lo garante a continuidade de sua atividade.

O segundo motivo pelo qual o tempo é precioso na atividade profissional é menos evidente: o tempo investido em atividades de treinamento e desenvolvimento profissional, frequentando congressos, se atualizando, divulgando seu trabalho e fazendo contatos, é que garante que algumas fatias de tempo possam ser cortadas e vendidas a clientes e pacientes.

Para facilitar a discussão e tornar isso mais fácil de entender, vamos separar seu tempo em duas atividades: Vamos chamar[1] o primeiro tipo de tempo, aquele que você vende, de **Utilização**, e o segundo, aquele que faz o primeiro ter valor, de **Exploração**.

Como exatamente isso funciona? Pense em alguém sem nenhum conhecimento de nível superior. Por não possuir muito a oferecer com base em seus conhecimentos, essa pessoa pouco terá a fazer senão procurar uma atividade que exija pouco treinamento ou, ainda, que seja baseada em trabalho braçal. Por não ter

---

[1] Na verdade, a terminologia é do acadêmico James G. March.

ADMINISTRAÇÃO DO TEMPO **19**

valor agregado, o tempo dessa pessoa vale muito pouco, e é extremamente difícil para ela se diferenciar no mercado de trabalho.

Vamos dizer agora que esse indivíduo passe no vestibular de um concorrido curso de Direito. Agora, parte do tempo dele está comprometida com o curso superior. Por outro lado, o valor de seu tempo provavelmente subiu um pouco. Ele pode procurar uma posição de estagiário, o que não é nenhuma maravilha, mas, convenhamos, é algo melhor que lutar por uma vaga sem qualificação no mercado de trabalho.

No início, como grande parte do tempo desse profissional está comprometida com atividades de exploração, inclusive o aprendizado e os primeiros passos na vida profissional como estagiário, é possível que sua renda geral caia. Com o passar do tempo, conforme adquire conhecimento, o valor de seu tempo utilizado na profissão sobe. Um estagiário de último ano ganha mais que um calouro, e um recém-formado (geralmente) ganha mais que ambos.

Com o passar do tempo, esse profissional pode se engajar em outras atividades exploratórias. Uma pós-graduação pode ampliar seu conhecimento e sua rede de contatos. Participações em congressos podem aumentar sua visibilidade. Engajar-se em pesquisas, escrever artigos científicos e aparições na mídia também podem gerar ganhos. Quanto mais tempo nosso profissional passa em atividades exploratórias, mais chances têm de utilizar melhor seu tempo "cobrado". Com novas habilidades, recursos e contatos, o valor de seu tempo provavelmente subirá. Quanto mais conhecimento e recursos, mais o profissional poderá utilizá-los em sua prática.

Por que chamamos de exploratório o tempo que adiciona valor? Porque no momento em que o profissional se engaja em determinados tipos de atividades, dizemos que ele (ou empresa) está explorando seu ambiente em busca de novas oportunidades. Nem tudo que você fizer nessa área dará bons resultados. Alguns cursos e congressos adicionarão valor, outros serão pura perda de tempo. Alguns contatos serão úteis, outros apenas o farão perder tempo. O problema é que você nunca saberá separar os sucessos dos fracassos enquanto não se engajar numa atividade. O termo exploração passa um pouco dessa noção de entrar no desconhecido. A única maneira de saber se um curso realmente lhe trará ganhos profissionais é se matricular nele.

O tempo de utilização é quando você finalmente se aproveita de toda a atividade exploratória e a utiliza para fazer seja lá o que você faz. Um profissional que começa cobrando, digamos, R$50 por hora de atendimento pode aumentar esse valor para R$75 após uns dois anos de experiência, e talvez para R$100 após uma especialização.

A relação entre esses dois tipos de atividade é delicada, e costuma desafiar até empresas maduras: Quanto você deve se dedicar a cada tipo de atividade? Por um lado, uma empresa que volta toda sua atenção à utilização está usando ao máximo seus conhecimentos, recursos e horas existentes, e provavelmente será muito lucrativa no curto prazo. No entanto, sem atividades exploratórias, essa empresa corre o risco de ver seus produtos se tornarem obsoletos, seus velhos clientes pararem de procurar seus serviços sem haver uma reposição por novos clientes, ou mesmo uma estagnação geral, tanto de oportunidades de crescimento quanto dos profissionais que trabalham ali.

Por outro lado, uma empresa que se volta inteiramente às atividades de exploração pode acabar com uma força de trabalho altamente qualificada, produtos inovadores e excitantes, ideias e conhecimentos fantásticos, mas sem recursos para transformar tudo isso em valor no mercado. É a atividade de utilização que, no fim das contas, faz o dinheiro entrar na empresa, garantindo sua existência no presente e no futuro.

Resumindo, a hora de utilização é aquela que você cobra. A exploração é tudo aquilo que você faz para poder continuar cobrando.

ADMINISTRANDO O TEMPO

Agora que você entendeu as duas principais aplicações do tempo, vamos ver como você pode fazer para administrá-lo melhor.

Organizar-se para aumentar o tempo disponível

Antes de pensarmos em como dividir melhor o tempo, que tal parar de desperdiçá-lo?

Se o tempo profissional é tão valioso, devemos nos preparar para desperdiçar o mínimo possível dele. Dizer que seu tempo é valioso também não quer dizer que você deva passar todos os minutos do dia trabalhando. Boa administração do tempo não é abrir mão da vida pessoal para trabalhar mais, mas sim nos organizarmos para

ADMINISTRAÇÃO DO TEMPO **21**

fazer nosso tempo valer o máximo possível. Com isso, além de fazer nosso tempo render mais quando estamos trabalhando, será mais fácil ficar de consciência tranquila para aplicar um pouco dele em nossa vida e satisfação pessoais. Nada como ir ao cinema de consciência tranquila após um dia bem trabalhado.

Vamos voltar à nossa definição de administração: é tudo aquilo que fazemos para poder trabalhar em paz. Como aplicar esse conceito na administração do tempo?

Lembre-se de que administração é algo higiênico, algo que fazemos para limpar a bagunça do dia a dia e poder trabalhar melhor. Nesse caso, o que podemos fazer?

Podemos nos organizar para tomar menos decisões.

Se você parar para analisar seu dia a dia, verá que faz um trabalho bastante decente cuidando do próprio tempo. Também verá que não adianta "cortar" o tempo gasto em suas atividades como calorias em um regime. Você vai ao trabalho, consulta a agenda, lotada, e dedica 1 hora para cada cliente (ou 55 minutos, permitindo-se 5 para a troca)? O máximo que poderia fazer seria diminuir o tempo de atendimento, mas a não ser que passe o dia "batendo papo" e contando coisas da sua vida aos clientes, provavelmente essa não é uma boa ideia. Processos profissionais precisam do tempo certo. Em muitos contextos, o cliente precisa se sentir à vontade para discutir assuntos delicados, e não adianta querer que ele vá direto ao assunto quando não se sente seguro para isso. Geralmente serviços e atendimentos exigem processos e um bom entendimento da situação, e isso também exige o tempo certo. Voltaremos ao assunto quando falarmos de confiança, mas por enquanto basta dizer que a qualidade de seu serviço tende a andar em relação inversa ao tempo que você passa com seus clientes (ou seja, dentro de limites profissionais, diminuir o tempo de atendimento geralmente leva a uma piora na qualidade).

Além do trabalho, você cuida de seu dia a dia. Alguém tem que ir ao mercado, pagar as contas, cuidar das crianças, do cachorro, colocar o lixo pra fora e não se esquecer de escovar os dentes antes de dormir e após as refeições. A não ser que você esteja acostumado a tirar um cochilo de três horas após o almoço, qualquer conselho para diminuir o tempo em alguma dessas atividades é uma má ideia.[2]

---

[2] Dica: Diminua o tempo do cochilo.

Que fazer então? Bem, como diz o ditado, o diabo está nos detalhes.

Você já parou para contar quantas pequenas decisões toma em seu dia a dia? Não estou falando das grandes decisões que toma durante sua prática profissional, estou falando daquelas bobinhas, que passamos boa parte de nosso tempo fazendo. Você tem um intervalo no meio da tarde? Que deve fazer: pagar algumas contas, checar seus e-mails, ir à banca comprar umas revistas novas para a sala de espera? Será que você interrompe o que está fazendo para ir pegar um cafezinho? Não é melhor ler aquele artigo, continuar lendo aquele livro técnico ou até começar a redigir aquele texto que prometeu a si mesmo que começaria a escrever?

Lembre de nosso exemplo do pão de queijo da vovó. Um dos grandes problemas enfrentados foi exatamente essa tomada de decisão contínua: a cada momento você devia decidir qual tarefa deveria ser feita, e quem deveria fazê-la.

Toda organização possui uma rotina: eventos que se repetem com alguma regularidade. Seja abrir a loja toda manhã, pagar a conta de telefone uma vez por mês ou renovar a assinatura de uma revista uma vez por ano, boa parte dos eventos que necessitam de alguma atenção ou intervenção ocorrem de maneira previsível. O truque é nos prepararmos para esses eventos, decidindo de antemão quem deverá lidar com eles e como. Isso não só melhorará o uso de seu tempo, como também tirará boa parte do cansaço do final de um dia de trabalho. Como efeito colateral, você ainda se tornará um melhor profissional.

Acha que estou exagerando? Veremos.

Vamos lembrar sua última visita à concessionária de veículos. Você sabe o modelo de carro que deseja? Tem certeza? Conhece o último lançamento da marca? Quer fazer um *test drive*? Que tal colocar umas rodas esportivas? E o conforto? Hoje em dia ninguém anda de carro sem ar-condicionado e, já que você está pensando em colocar ar, coloque uma trava eletrônica e alarme. E o câmbio? Que tal um automático? Ah, com certeza uma pessoa como você quer bancos de couro, não? Toca CDs especial para ouvir música nos longos engarrafamentos? Sistema de GPS para não se perder mais? E sensor de estacionamento?

Quando você acha que escolheu todos os opcionais, chega a crucial decisão da cor de seu novo veículo. E não pense que com um "preto" ou "cinza" você escapará. Você vai de cinza prata ou cinza aço? Pintura metálica? E a maçaneta, será pintada na cor da porta? Frisos laterais, também?

Quando finalmente chega a hora de comprar o carro, resta a decisão de como pagar, em quantas vezes, sem ou com financiamento, e ainda, se sobrar alguma força, quem sabe você consiga um "descontinho".

Ufa, o que deveria ser um agradável passeio a uma concessionária para comprar um carro novo se tornou uma maratona de decisões. Feliz, você chega a sua casa e se atira no sofá mais próximo, torcendo para que o novo carro dure por um bom tempo antes de ser forçado a passar por tudo isso novamente. Você se sentiu cansado só de ler esses parágrafos? Não se preocupe, você é humano.

Aliás, se você é um humano legítimo, após uma série de decisões como essas, tudo que você quer é sair correndo da loja.

Não é de admirar que as concessionárias deixem as decisões mais importantes, a de como e quanto pagar, para o final. Quando acha que seu raciocínio está mais afiado para fazer contas e negociar um preço? Ao começo, quando está descansado e acabou de chegar, ou após ser bombardeado por uma pilha de informações e escolhas?

As pequenas escolhas importam. Isso porque escolher exige esforço mental. Quanto mais decisões você toma em sequência, menor sua capacidade fica. O efeito é tão forte que é possível medi-lo com um simples biscoito: pessoas forçadas a escolher entre comer ou não, ou a resistir à tentação, saem-se pior resolvendo quebra-cabeças do que pessoas que não passaram por essa decisão. É possível medir até o efeito inverso: pessoas que ingeriram doce após alguma fadiga mental recuperam seu desempenho após o açúcar ser absorvido.

Lembre-se da última compra complexa que você fez, de um produto caro ou com várias opções. Você consegue lembrar-se do momento em que apenas desistiu de pensar e levou pra casa o produto? Com certeza muitos armários seriam bem mais vazios se esse não fosse o caso.

Além de ser exaustivo, decidir toma tempo. O tempo que você gasta pensando se é hora de checar e-mail ou ir ao banco pode não parecer muito, mas ao longo de um ano pode somar em algumas preciosas horas. Adicione todas as pequenas decisões de seu dia a dia e se assustará com a quantidade de horas gastas, horas que poderiam ser aplicadas fazendo algo em vez de gastar decidindo fazer algo.

Basicamente, quanto menos tempo você passar decidindo fazer algo, e quanto mais tempo passar fazendo, mais eficiente se tornará e menos cansado se sentirá para tomar todas essas decisões. Isso não só o deixará livre por algum tempo, como economizará energia para ser usada onde realmente importa.

E como fazer isso? Basicamente, você deve automatizar suas rotinas. Em um contexto simples, criar pequenas regras para o seu dia a dia deve bastar, como por exemplo decidir passar todos os intervalos disponíveis na agenda, durante uma semana, lendo aquele fantástico livro que você comprou sobre administração profissional.

Vamos chamar essas regras de regras "se, então". É muito simples: Se algo acontecer, então você tomará tal ação. Isso evita que tenha que tomar uma nova decisão a cada momento. Se você estiver em uma dieta, pode decidir então que olhará apenas o menu de saladas em um restaurante. Sua regra seria "Se eu for a um restaurante, então pedirei uma salada". Essa predefinição o livrará da tentação de ter que olhar para todas aquelas delícias, resistir a elas e optar por algo mais saudável. Convenhamos, geralmente acabamos cedendo e nossas dietas tornam-se meras lembranças.

Regras "se, então" lhe permitem tomar as decisões de antemão, e um punhado delas deve começar a ajudar você no dia a dia. Algumas podem ser úteis para os funcionários e demais integrantes de sua prática: se um cliente se atrasar, o funcionário X deve ligar para ele em tantos minutos. Se as revistas ou a conta do telefone não chegarem, o funcionário Y deve ligar para a empresa checando o envio.

Você deve tomar cuidado, no entanto, para não criar regras demais. Além de umas três ou quatro sua cabeça deve começar a doer, após sete a confusão começa a aparecer.

Uma boa ideia para evitar a complexidade é aninhar as decisões por conjunto: nosso cérebro guarda informações em pedaços: é por isso que você consegue pensar em um cachorro específico, em dois, três e até talvez o mágico número sete. Após isso, pensar em 10 cachorros diferentes ao mesmo tempo, cada um com suas peculiaridades, começa a se tornar um belo esforço mental. Em

ADMINISTRAÇÃO DO TEMPO **25**

um grande grupo de cachorros, em toda uma raça ou até todos os cachorros do mundo, no entanto, você consegue pensar.

Da mesma maneira, você pode criar conjuntos de decisões "se, então" em torno de áreas específicas: algumas no trato com os clientes (se o cliente marcar um horário, então vou ligar para ele um dia antes para confirmar; se ele não aparecer no horário, então vou ligar imediatamente; se ele vier ao encontro, então vou ligar em uma semana para lembrá-lo do próximo compromisso; se não houver necessidade de novos encontros, então vou perguntar a opinião do cliente sobre o serviço recebido e colocar-me à disposição para quaisquer dúvidas); manutenção da estrutura (se as contas não chegarem até o dia X, então vou ligar para as empresas; se for dia 5, ir à banca comprar revista "tal"; se for dia 10, ir ao mercado comprar suprimentos e artigos de limpeza); autogerenciamento (se houver um cancelamento, então vou passar meia hora lendo antes de checar meus e-mails) e assim por diante.

Outra ideia é criar uma planilha de atividades. Um modo simples de eliminar as pequenas decisões do dia a dia é montar um quadro com todas as atividades, quando cada uma ocorre e quem é o responsável por realizá-la. O quadro a seguir, simples como é, teria facilitado em muito a vida de nossa loja de pão de queijo da vovó. Com certeza você pode pensar em algo parecido em sua atividade.

Atividade	Quando ocorre	Responsável
Ir ao mercado	Diariamente	Proprietário
Abrir a loja	Diariamente	Fulano
Preparar pão de queijos	Diariamente	Proprietário
Manter a loja limpa	Continuamente, deve-se passar pano nas mesas pelo menos uma vez a cada hora	Fulano
Limpar a loja completamente	Diariamente às 20 horas	Proprietário
Ir ao banco	Dia 5 de cada mês	Proprietário

O objetivo de toda essa discussão é só um: diminuir o tempo e o custo cognitivo de suas atividades diárias. Se você possuir funcionários ou fizer parte de uma equipe pode até acabar otimizando o uso do pessoal também.

Organizar o tempo de acordo com o objetivo

Agora que você está melhor no uso de seu tempo, está na hora de pensar no que fazer com ele. Primeiro, vamos falar algo sobre os modos que você pode utilizá-lo, em seguida, vamos alinhar a utilização do seu tempo com seus objetivos.

O valor do tempo não pago

Como falamos, alguma parte das horas que você dedica à prática de sua profissão será voltada para atividades exploratórias – atividades que tomarão sua atenção e talvez recursos sem a promessa certa de ganho financeiro. Apesar disso, as atividades que você escolhe desempenhar nesse tempo não pago serão responsáveis por onde você estará no futuro. Do nível e tipo de serviços que oferecerá a que estágio se encontrará em sua carreira. Vamos, primeiro, ver as atividades exploratórias principais para, depois, pensar na proporção de tempo que você deve dedicar a elas em relação ao seu tempo pago, quando você vende e utiliza os frutos das atividades exploratórias que fez no passado.

Basicamente, há duas coisas que você pode fazer com seu tempo não pago: **divulgação** e **aumento do valor de seu tempo pago.**

Divulgação

Você pode achar que o serviço que oferece está entre os melhores do mundo em sua área. Mas de que isso importa, se ninguém souber que você existe?

Compreensivelmente, muitos profissionais, principalmente aqueles que possuem atuação ligada à área de saúde, hesitam diante da afirmação de que divulgar seu serviço é algo necessário. Na minha experiência, isso ocorre sobretudo porque a primeira coisa que as pessoas pensam quando falamos em divulgação são panfletos, anúncios em pontos de ônibus e outras formas de propaganda. Com muita razão, algumas classes profissionais proíbem ou veem com maus olhos esse tipo de prática, o que aumenta a desconfiança em relação a qualquer tipo de divulgação.

Pense na divulgação como a administração da imagem que você passa ao resto do mundo. Como as pessoas o veem? Como um tradicional profissional de mercado? Como alguém à frente de

ADMINISTRAÇÃO DO TEMPO **27**

seu campo profissional? Como alguém ousado, ideal para aqueles problemas que ninguém mais quer encarar?

Quando falamos do resto do mundo, falamos basicamente de dois públicos: o público interno e o externo. O público interno são os outros profissionais que integram sua categoria de serviços, aqueles que tradicionalmente representam sua competição direta, mas também formam o campo que lhe dá validação e apoio para continuar praticando sua profissão. O público externo é o resto do mundo.

O PÚBLICO EXTERNO: AQUELE NOME FAMIIAR

Quando falamos em contar ao mundo, basicamente estamos falando em como fazer a mensagem certa – a de que você é o profissional indicado para lidar com a situação – chegar às pessoas certas – clientes, pacientes e empresas que se beneficiariam de seu serviço.

Essa divulgação pode se dar em dois níveis: amplo e pessoal.

A divulgação em larga escala

Quando vemos um advogado dando seu parecer em uma entrevista na mídia, estamos observando um exemplo de divulgação em larga escala. Esse tipo de divulgação é aquele que estende sua mensagem o máximo possível. O raciocínio é que, atingindo um número grande de pessoas, pelo menos algumas poderão ver utilidade em nossos serviços.

É nesse tipo de divulgação que a grande maioria dos profissionais pensa quando começamos a falar do assunto. É aqui que se enquadram anúncios em geral, aparições na mídia (rádio, televisão, jornais e revistas) e a grande parte das atividades na internet. Jogamos a rede de forma bem ampla, esperando pescar pelo menos alguns interessados.

Atividades desse tipo sem dúvida possuem seus méritos: colocam-nos como autoridades em uma determinada área. Com efeito, muitos profissionais passam a ser conhecidos em suas áreas mesmo por pessoas que não precisam ou nunca utilizaram seus serviços.

O reconhecimento cria um efeito de familiaridade bastante forte. É muito mais seguro procurar um profissional de quem já se "ouviu falar" do que um completo desconhecido.

28 EMPREENDEDORES ESQUECIDOS

Esse tipo de divulgação é um tanto mais fácil para aqueles profissionais "tarimbados", que já possuem reputação em suas áreas. No entanto, de modo bem planejado, você pode utilizá-lo mesmo se estiver começando agora sua prática, ou estiver em busca de uma maior base de atendimentos.

Vamos começar falando de **anúncios pagos**. O primeiro ponto a se reconhecer é que boa parte dos conselhos profissionais possuem regulamentação específica sobre o uso dessa ferramenta, e sugiro que você se informe sobre o que pode e não pode fazer em sua área. O segundo ponto é que esse tipo de anúncio costuma custar caro. Sendo realista, as chances de você gastar demais em um anúncio de revista, outdoor ou outra mídia para não ver quase nenhum resultado, são bastante altas.

É fácil saber o motivo: tente contar, em um dia, quantos anúncios passam, ou são empurrados até você. Das propagandas na programação da estação de rádio que você escuta no caminho do trabalho aos anúncios e placas pelos quais você passa nesse mesmo percurso, até as chamadas na televisão, internet, revistas e jornais. Somos expostos diariamente a uma quantidade enorme de mensagens publicitárias. Em quantas você realmente presta atenção? Quantas você ignora ou descarta como meras intromissões em seu dia a dia? Não seria de se esperar que seus clientes em potencial fizessem o mesmo?

Some isso aos gastos envolvidos com esse tipo de atividade: em meio a tanta concorrência, o pior erro que você pode cometer é querer montar seu próprio anúncio. Não adianta resolver anunciar o seu negócio e querer economizar alguns centavos na produção. As coisas só piorarão. Se for fazer, faça benfeito. O problema é que o "benfeito" custa. Agências de publicidade, designers, produção e boas posições para seu anúncio são coisas que costumam pesar no bolso. Juntando o custo com a incerteza sobre os resultados, não é difícil chegar à conclusão de que a maioria dos serviços profissionais, baseados em um ou alguns profissionais, não possui condições de alimentar essa atividade por muito tempo.

Internet: você na rede

A internet pode oferecer algumas soluções. Apesar da maioria das pessoas pensar em sites, as atividades mais interessantes vão além disso.

O primeiro e mais óbvio caminho é montar seu site. A maioria dos sites nada mais é que um panfleto disponível para quem estiver passando por ali. Isso não é uma coisa ruim, apenas significa que devemos reconhecer essa presença on-line pelo que ela é: Uma maneira simples e barata de as pessoas conhecerem nossos serviços e entrarem em contato.

Se essa é sua opção, existem literalmente milhares de publicações e profissionais que podem ajudar você a lidar com o assunto. Longe de entrar na parte técnica da área, deixo apenas alguns comentários.

Se você vê seu site apenas como um local onde as pessoas podem encontrá-lo, não há problema algum nisso, mas lembre-se de que alguns cuidados devem ser tomados. Músicas, animações, figuras animadas e letrinhas piscando ficam ótimas nas páginas de adolescentes, mas não têm lugar na vida profissional (a não ser que seu público seja voltado para adolescentes). Se você optou por um site simples e direto, é isso que ele deve ser. Você não tem nada a ganhar tornando seu site mais complicado. Pelo contrário, pode até perder. Além de potencialmente afugentar algumas pessoas pelo mau gosto, lembre-se de que quanto mais dessas distrações ocorrerem em sua página, menos compatível ela se tornará para pessoas com computadores e sistemas diferentes do seu, ou aquelas com conexões lentas. Seu site, tão bonitinho, pode acabar sem sequer ser exibido nas telas. É melhor se garantir e manter as coisas simples.

Felizmente, não é só de sites que a internet vive. Portais de busca como o Google e o Yahoo!, e alguns portais de notícias e informações, como o UOL, oferecem serviços de anúncios direcionados que podem ser tão ou mais interessantes e úteis que o site em si. De modo geral, você escolhe algumas palavras-chave, podendo até especificar características como hora em que os anúncios serão exibidos, localização geográfica dos leitores e tipo de páginas ou buscas em que eles serão exibidos. Você pode selecionar, por exemplo, que quando um habitante de São Paulo digitar "dentista, emergência 24 horas" em seu navegador, seu anúncio seja mostrado junto aos resultados da pesquisa. Alguém em outra região não receberia o mesmo anúncio.

Esse tipo de tecnologia permite um anúncio personalizado de massa. Ou seja, você tenta atingir as pessoas que mais precisam ou se interessariam por sua proposta, no momento em que elas estão buscando informações sobre o assunto. A maioria das empresas

30 EMPREENDEDORES ESQUECIDOS

oferece diversas opções, da mais simples, para iniciantes, até escolhas complexas para anunciantes experientes, que lhe permitem aprender com a experiência e melhorar cada vez mais o impacto de seus anúncios. Também é fácil determinar e manter controle de quanto se está pagando por cada exposição e controlar a eficácia de cada anúncio. Assim fica mais fácil saber se nossos esforços estão gerando resultado do que por meio de um anúncio na mídia tradicional.

Além dos anúncios, a internet oferece ferramentas de interação e atendimento bastante interessantes. Clientes podem ter acesso a partes específicas de seu site, onde podem checar informações como horários, gastos, formas e programação de pagamento, encontros futuros, pendências, informações sobre procedimentos em andamento e esclarecimento de dúvidas, para ficar só em alguns exemplos.

Não podemos esquecer os meios mais ativos de participação: blogs, que, na verdade, são as páginas de internet, fáceis de se inserir postagens e comentários, podendo ser usados pelo profissional para discutir assuntos de interesse sobre suas práticas, tirando dúvidas e oferecendo informações a clientes em potencial. Também podem servir de referência sobre um assunto, direcionando leitores a fontes e páginas interessantes. Essas atividades, se bem gerenciadas, ajudam a aproximar o público em potencial do profissional, e também ajudam a colocá-lo como autoridade em sua área.

Por último, comunidades virtuais e listas de discussão são uma ferramenta importante de se fazer contatos e de se conseguir informações e negócios. Nesse caso, tome o cuidado de observar como as pessoas se comportam umas com as outras antes de sair oferecendo seus serviços. Se você falar demais sobre seu trabalho, na melhor das hipóteses será visto como aquela figura chata, e na pior, acabará expulso e malfalado.

A mídia e sua face pública

Agora que você já tem uma ideia de como utilizar a internet, diga-me uma coisa: você já procurou seu nome em um mecanismo de busca? Nunca teve curiosidade de checar onde você, ou algum conhecido, aparecia?

Bem, se você nunca fez, deveria. Boa parte de seus clientes em potencial o fará.

Menções em sites de internet são o lado mais evidente daquilo que resolvi juntar nesse tópico. Apesar de hoje em dia qualquer um poder lançar um comentário qualquer sobre você, que poderá ser acessado depois por qualquer pessoa na internet, em uma comunidade ou grupo de discussão, as mensagens de maior impacto são aquelas veiculadas na mídia profissional.

De pequenas revistas especializadas a entrevistas na televisão, as aparições na mídia garantem uma das melhores formas de divulgação disponíveis a um profissional.

O primeiro motivo é que qualquer publicação que depende de leitores para sobreviver possui um compromisso com esses leitores. Qualquer meio de comunicação depende da confiança de seu público para continuar existindo e pagando suas contas. A partir do momento que essa confiança é quebrada, o público passará a buscar suas informações em outro lugar, e os profissionais envolvidos, seja de um simples site de internet a um grande canal de comunicações, podem esperar que isso se reflita em seus ganhos no fim do mês. Como os meios formais de comunicação possuem jornalistas em suas fileiras, a confiança é certificada pela adesão desses profissionais ao código de conduta de suas profissões.

Compare isso com um anúncio pago qualquer. Você, como receptor da mensagem, sabe que a empresa está pagando pelo espaço. Talvez por isso seja tão raro vermos uma propaganda de uma empresa dizendo: "Somos mais ou menos". Ninguém paga um anúncio para fazer críticas a si mesmo ou ter seus problemas revelados, e quem recebe essas mensagens hoje em dia sabe disso.

Por outro lado, quando vemos o mesmo serviço da mesma empresa aparecer em uma matéria de revista, nossa percepção é um tanto diferente. Sabemos que há profissionais por trás dessas mensagens, que possuem o compromisso de filtrar a informação e oferecê-la de modo isento a seus leitores. A empresa está lá por sua competência em oferecer seu produto, como autoridade no assunto, e não porque pagou por um espaço na página.

Mais importante, o ponto de referência também muda. Uma coisa é um anúncio pago, falando como eu ou você somos os melhores profissionais do mundo. Outra, é uma reportagem em que nós somos usados como referências, na qual não dizemos como somos bons, mas mostramos isso ao leitor.

Isso remete à expressão que ouvi pela primeira vez em inglês: "show, don't tell", ou mostre, não conte. Na verdade, vi essa expressão pela primeira vez em um livro sobre roteiros de cinema. O argumento é mais ou menos o seguinte:

32 EMPREENDEDORES ESQUECIDOS

Escrever é fácil, contar uma boa história é que é difícil.

O maior erro de muitos escritores iniciantes é que eles nos contam fatos sobre seus personagens e situações, quando o ideal é deixar o leitor conhecer uma história e seus personagens à medida que a narrativa evolui.

É mais fácil explicar isso com um exemplo. Imagine que você entre em uma sala de cinema, espera os trailers, come pipoca e finalmente o filme começa. Na primeira cena você escuta:

"José é um homem de meia idade, possui família e um bom emprego, mas ultimamente tem sentido um vazio dentro de si, talvez causado pelo rumo que sua vida tomou."

Esse é o produto típico de um autor que apenas escreve sua história.

Qual seria a alternativa?

Você entra no cinema, espera os trailers, come pipoca e finalmente o filme começa. Na primeira cena, você vê um homem engravatado, de meia-idade, chegando à mesa da cozinha. Sua mulher se vira para cumprimentá-lo:

– Bom-dia, meu bem! Dormiu bem?

– Oi. Sim, claro.

– O que há de errado?

– Bem, na verdade tive um pesadelo.

– É mesmo? E o que você sonhou?

– Eu estava sozinho em uma sala, sentado em uma mesa. De repente, meu avô aparece e começa a rir de mim. Eu fiquei lá, sentado, olhando para ele, me sentindo cada vez pior enquanto ele ria cada vez mais desesperadamente...

– Nossa, e o que você acha que isso significa?

– Fácil! Meu avô sempre me disse que eu poderia ser o que bem entendesse. Bastava eu acreditar em mim que chegaria aonde quisesse. O sonho significa que não sou o que imaginei que iria me tornar quando era mais jovem, me tornei uma piada.

Se você fosse escolher pela primeira cena, qual seria o melhor filme? Como público, não queremos que alguém venha e nos conte tudo que está acontecendo. Queremos conhecer a situação, a história e os personagens. Queremos viver as histórias sob a perspectiva dos personagens, identificarmo-nos com eles e seus problemas e tentar chegar às nossas próprias conclusões. É assim que ao final de um bom livro ou filme sentimos que estamos deixando um amigo para trás, aquele personagem especial que aprendemos a conhecer...

Assim, autores que se prendem ao "conte" acabam criando obras chatas e frias demais. O bom escritor é aquele que nos faz mergulhar na história, nos esquecendo pelo menos por um minuto de que estamos sentados no sofá de casa ou na poltrona do cinema. Ninguém consegue isso dizendo: "José está triste".

É claro que o "mostre" é algo muito mais difícil de se fazer, e por isso muitos professores e escritores qualificam a grande maioria dos escritores que se submetem ao "conte" como preguiçosos ou incompetentes.

Acredito que grande parte desse argumento também se aplique a nós.

Empresas pagam anúncios para contar ao mundo vantagens sobre elas e seus produtos. Profissionais aprendem a enfeitar ao máximo seus currículos para mostrar a potenciais empregadores como são fantásticos. Qualquer revista ou site contém um punhado de gente dizendo a você o quanto eles são bons e como você seria feliz se fizesse negócios com eles.

Com o que aprendemos sobre o "mostre, não conte", é de espantar que a grande maioria dessas mensagens não cause reação nenhuma? Pior, com tanta gente querendo contar todas as qualidades para clientes, parceiros e empregadores, é de se espantar que todos pareçam iguais?

Qual a moral da história? Você pode se concentrar em contar a todos como você é bom, mas não seria melhor mostrar aos outros por que alguém iria querer entrar em contato com você?

Assim como na narrativa, isso dá mais trabalho, mas vale a pena. Uma coisa é contar para alguém quão fantástico e inteligente você é, outra é mostrar isso e deixar que os outros tirem suas próprias conclusões.

E é exatamente isso que uma boa exposição na mídia pode causar. Como cliente, o que você acharia mais confiável: um folder elaborado pela própria empresa, ou um artigo de revista ou jornal mostrando resultados e conhecimentos reais que essa empresa pode usar em seu benefício?

Não me leve a mal, o "mostre" também pode ser usado em anúncios tradicionais, como: em vez de você me dizer como sua empresa possui pessoas fantásticas, você diz o que essas pessoas podem fazer por mim. Quantas empresas comemoram a própria excelência em vez de mostrar aos clientes o que podem fazer por eles?

O "mostre" geralmente possui um efeito mais forte que o "conte" em quem está recebendo a mensagem. Esse é o valor, por exemplo, de "amostras grátis", no qual as pessoas podem experimentar um pouco do serviço ou do produto por si só antes de se tornar clientes.

O valor dessa comunicação deve subir ainda mais conforme a fonte se torne mais confiável. Sendo assim, aparições na mídia oferecem um efeito duplo ao profissional: dão a você a chancela da marca onde a notícia está sendo veiculada e permitem que as pessoas o vejam utilizando ou mostrando o conhecimento, as técnicas e as habilidades que realmente possui.

Lembre-se de que não existe só o jornal do horário nobre. É irreal esperar que o mundo inteiro queira falar e saber de você. Atualmente, no entanto, existe uma infinidade de meios de comunicação, programas e publicações especializados. Uma notícia no jornal de seu bairro pode servir mais para lhe garantir indicações profissionais do que uma foto na "Ilha de Caras".

Mídia training relâmpago

Se você se interessou em aumentar sua exposição profissional, preste atenção às dicas a seguir.

1) Procure o meio certo: você pode começar como colunista de um site ou jornal de bairro, ou, com alguma sorte e contatos, conseguindo um espaço em um grande meio já de saída (mas não conte com isso). Procure identificar veículos que se interessariam pelo que você tem a dizer e tome a iniciativa: entre em contato. Seja em resposta a reportagens, oferecendo-se como fonte em futuras matérias ou até oferecendo uma colaboração como colunista. Lembre-se de que é disso que esses veículos vivem, e muitos, principalmente os de menor porte, estão sempre à procura de colaborações desse tipo.

2) Não seja um Nerd: a linguagem técnica possui o seu valor, mas não significa nada para quem não entende nada do assunto. Evite jargões, termos e referências a assuntos que o público em geral não conhece. Lembre-se, é você que deve se esforçar para sua mensagem chegar aos outros, não o contrário.

3) Arranje um "gancho": sua mensagem, seja reportagem ou matéria, deve ter um "gancho" que fisgue o leitor. O gancho é uma mensagem única e simples sobre a qual a sua comunicação deve fluir. Como o nome já diz, sua mensagem também deve ser algo que atraia a atenção do leitor. O que você diz ou faz de diferente dos outros?

4) Possua um tema central: evite falar de muitos assuntos diferentes ou sua mensagem se diluirá. Escolha aquilo que realmente valha a pena ser dito. Não confunda o público ou o jornalista com uma montanha de informações. Seja sempre objetivo, tempo e paciência são limitados.

5) Coloque-se à disposição para um tipo de assunto.

Você também sempre pode procurar uma assessoria de imprensa – profissionais especializados em apresentar seus clientes para a mídia.

ADMINISTRAÇÃO DO TEMPO   **35**

Por último, lembre-se de algo que será útil em qualquer situação: trabalhe em sua **conversa de elevador**.

Imagine que você entra com um estranho em um elevador e, enquanto as portas fecham, ele se vira para você e pergunta: "Olá, sou fulano e vendo pianos, e você?"

Você conseguiria explicar a ele quem é e o que faz antes que as portas se abram novamente? Tente, em 30 segundos, dizer quem é, que tipo de serviço oferece e por que as pessoas deveriam contratá-lo. Se você encontrar dificuldade nisso, é hora de parar, pensar um pouco e praticar.

Saber descrever de maneira simples e concisa o que você faz não serve apenas para você quebrar o gelo no elevador. A partir do momento em que você possui uma conversa do elevador, toda a sua comunicação com o mundo exterior fica mais fácil. Você já saberá a mensagem que quer passar e faltará apenas escolher o melhor modo de fazer isso.

A falta de uma mensagem que caiba em uma conversa de elevador é responsável por muitos daqueles panfletos enormes que recebemos de vez em quando, propagandas que ninguém lê e sites confusos e cheios de textos. Não importa a mídia ou o formato, uma mensagem simples e eficiente tornará sua vida mais simples.

Isso sem falar no fato de que, se você realmente não sabe explicar para alguém por que essa pessoa deveria procurá-lo antes de as portas se abrirem, é hora de pensar se você realmente sabe a resposta. Sua vida profissional agradece.

A divulgação pessoal

Sabe quando algum conhecido seu precisa de um contador e você sabe exatamente quem indicar para ele? Essa é a típica divulgação pessoal.

Apesar da alta visibilidade dos esforços de divulgação em larga escala, a verdade é que a maior parte da divulgação de serviços profissionais ocorre em um nível muito mais personalizado. A grande maioria dos prestadores de serviço depende de indicações pessoais para manter os clientes chegando a sua porta. Boa parte é capaz de rastrear "gerações" de clientes, como quando um indica outro, que indica mais um, e assim por diante.[3]

---

[3] Escrevi mais sobre essa mecânica em *Administração para profissionais liberais.*

Ao contrário de outras formas de divulgação, a divulgação pessoal é praticamente "invisível" e difícil de medir. Sabemos que está funcionando por meio de um ou outro comentário de nossos novos clientes (e imaginamos que não quando nos vemos com a agenda vazia), mas ao contrário de um anúncio ou uma entrevista, não possuímos provas concretas de nossa eficácia.

Talvez por isso, apesar da importância, a grande maioria dos profissionais confia que conversas e indicações acontecem naturalmente, e não fazem maiores esforços para incentivar que a mensagem se espalhe e as pessoas falem sobre seus serviços.

Mas isso é um erro. Não podemos deixar algo tão importante lançado à sorte. Até porque, se pararmos para pensar, essa é uma atitude bastante perigosa.

A maioria das pessoas possui coisas mais interessantes para conversar com os amigos que sua última ida ao dentista ou como seu contador lida com o imposto de renda. Isso é, até algo der errado.

Quando tudo está dentro do esperado, a vida continua sem problemas. Quando nosso dentista ou contador comete um erro, nos causando (literalmente) uma bela dor de cabeça, as pessoas à nossa volta com certeza ficarão sabendo. As estimativas e experiência pessoal nos mostram que clientes insatisfeitos são muito mais engajados em espalhar a notícia do que clientes satisfeitos.

Sendo assim, se você não está atento para a divulgação pessoal, corre um risco duplo: o primeiro é que as pessoas não falem de você tanto quanto você gostaria; o segundo é que, como ninguém é perfeito, aqueles clientes que por algum motivo se arrependeram de contratar você podem espalhar notícias ruins a seu respeito. Deixado ao vento, a balança da divulgação pessoal tende para a indiferença e notícias ruins.

A saída, então, é assumir responsabilidade pela parte que podemos controlar. Se você está seguindo as indicações deste livro, a primeira parte é fácil. O primeiro passo é possuir uma mensagem única e coesa. Se já possui sua conversa de elevador, essa parte está pronta (senão, o que você está esperando?). Para falar a seu respeito, as pessoas precisam dessa mensagem clara em suas mentes, para saber quando a informação pode ser útil, e em que situações podem indicá-lo.

O segundo passo apenas exige que você abandone um pouco de timidez. Peça para as pessoas o indicarem a conhecidos. Frases

ADMINISTRAÇÃO DO TEMPO **37**

simples como: "se conhecer alguém com um problema parecido, nós também podemos ajudá-lo" ou "se você conhecer alguém que possa se beneficiar de nossos serviços, por favor, nos indique a ela", inseridas ao final de um atendimento, bastam como incentivo. Claro que a forma de comunicação e o momento de fazer isso vão variar de caso a caso. Alguns preferirão que a secretária passe a mensagem ao levar o cliente à porta, outros colocarão isso em um último contato telefônico com o cliente. O que importa é que você chame atenção de seus clientes para o fato de que podem e devem falar de você.

O terceiro passo é integrar essa mensagem a objetos físicos. A velha tradição de oferecer brindes como canetas, ímãs de geladeira e calendários continua viva por um motivo: funciona. Oferecer objetos físicos que serão carregados por seus clientes após suas experiências são um bom lembrete de que seu serviço existe. Melhor ainda se a mensagem de "passar adiante" estiver integrada ao objeto. Um simples "conte conosco e nos indique a seus amigos" gravado abaixo de sua logomarca ou nome pode bastar. A mensagem pode se estender a sites e cartões de visita. Aliás, quem disse que você não pode oferecer sempre dois cartões de visita? Um para a pessoa com quem você está travando contato, e um para a pessoa oferecer a um conhecido que "também possa se interessar". Quanto custa um simples cartão mesmo? Não acha que vale a pena tentar?

No mundo virtual, algo um pouco mais trabalhoso (e custoso) pode ser oferecer algum serviço básico gratuito, enquanto o atendimento continua sendo cobrado normalmente. Uma clínica médica, por exemplo, pode oferecer gratuitamente o envio de lembretes da chegada de exames periódicos, não só a seus clientes, mas a todos que entrarem com dados em seu site. Logicamente, os lembretes viriam acompanhados de informações sobre como entrar em contato e com quem falar para agendar seu check-up. Outras ferramentas de divulgação já descritas, como um simples blog de informações sobre um assunto, também podem contribuir tornando-se pontos de referência para seus leitores. Em quem você acha que eles vão pensar quando precisarem do serviço "real"?

O último passo é se certificar de que seus clientes estão felizes com os seus serviços, e tentar dar um jeito naqueles que não estão tão felizes assim. O que nos leva ao próximo tópico.

CUIDANDO DOS CLIENTES JÁ EXISTENTES

Sempre fico surpreso com o número de profissionais que, apesar de estarem sempre em busca de novas indicações e oportunidades de divulgação, não dão tanta atenção aos clientes que já têm em mãos. Muitos parecem pensar que estes já estão "ganhos", restando partir para novas conquistas.

A primeira motivação para parar de pensar assim é competitiva: se você não está cuidando da relação que possui com seus clientes atuais, alguém pode estar de olho neles. Se você não está complementando seus serviços com lembretes e contatos, mesmo quando seus clientes estão afastados e em momentos que não precisam de você, corre um maior risco de ser substituído.

A segunda motivação é que não é só porque alguém já é seu cliente, que não há motivos para ampliar o relacionamento. Muitas empresas de consultoria e serviços descobrem que não só podem vender seus serviços a novos clientes, mas poderiam estar oferecendo *mais* a seus clientes atuais. É bastante comum, inclusive, que alguns de seus clientes sejam "forçados" a procurar outro provedor de serviços por não saber que você poderia ajudá-los com situações diferentes daquelas a que estão acostumados a tratar com você.

Para ambas as motivações, existem ações concretas que podemos tomar.

O valor atual do cliente

Você administra a relação com seus clientes ou espera que eles venham até você quando precisam? Se seu serviço depende de um agendamento, o cliente é relembrado de seu compromisso? Após o serviço ser realizado, ele recebe algum tipo de acompanhamento? Se um retorno é necessário, ele pode escolher agendar e ser avisado com antecedência? Quantos contadores realmente ligam para seus clientes lembrando-os do início da época de fechar o imposto de renda?

Convenhamos, a maioria dos profissionais se esforça para fazer o período em que estão trabalhando com ou para seus clientes ser o melhor possível. Isso não quer dizer que você deva ignorá-los nos intervalos, ou quando você oferece um serviço pontual e eles não precisam de você.

Não estou dizendo para você se tornar um chato e inundar todo mundo de e-mails e mensagens telefônicas, mas um simples reconhecimento das necessidades dos clientes e atribuições da vida moderna basta para dosar nossas ações.

Quantas pessoas realmente se lembram de seus check-ups anuais, de retornos agendados e remarcados, de situações com as quais vão precisar lidar em alguns meses? No meio de toda a confusão do dia a dia, é de surpreender que de vez em quando as pessoas se esqueçam de você?

Lembretes e pedidos de confirmação antes de uma reunião agendada, e-mail, mensagens de texto ou ligações telefônicas são maneiras simples de garantir que as pessoas comparecerão, ou ao menos lhe permitirão se preparar para aqueles casos em que a pessoa "redescobre" que tinha um compromisso e não poderá comparecer. É melhor descobrir um dia antes que isso aconteça do que ficar com um espaço vazio na agenda e ser pego de surpresa. Ao menos você pode se programar para substituições ou usar o tempo para outras pendências.

Após o procedimento, que tal um rápido agradecimento pela preferência? Talvez com uma pesquisa de satisfação e um lembrete do momento em que o cliente precisará do serviço novamente? Pequenas ações desse tipo aumentam a satisfação e confiança em seu serviço, e mostram ao cliente que você se importa não só com a qualidade de seu atendimento, mas com a totalidade da experiência e condição das pessoas as quais você atende.

O valor futuro do cliente

Uma vez que você já possui clientes indo e vindo de sua prática profissional, que tal tentar oferecer mais valor a eles?

Os clientes que você já possui já confiam em você. Se sentem confortáveis e provavelmente não vêm motivos para mudar para outro prestador de serviço. Muitos ficariam felizes em delegar-lhe outras atribuições, se você oferecesse tal serviço ou se soubessem que você poderia fazê-lo. Sendo assim, ampliar seu leque de ofertas é um modo quase garantido de deixar seus clientes atuais mais felizes e fiéis, além de aumentar os recursos e envolvimento que você recebe de cada um.

Pense no conceito que chamamos de "fatia da carteira". Você, como prestador de serviço, recebe uma fatia do que está na carteira de seu cliente, enquanto outros prestadores recebem suas respectivas partes. Será que há outras fatias que seu cliente leva a outro lugar quando poderia estar investindo no relacionamento que possui com você?

O primeiro passo é perguntar: que outros serviços da sua categoria as pessoas costumam buscar?

O segundo é pensar em serviços correlatos: O que mais você pode fazer que complemente ou aumente o valor do contato que o cliente mantém com você?

Algumas respostas são óbvias. Uma clínica ou prática de consultoria integrada, por mais que os sócios apenas dividam o valor dos custos e aluguel, pode servir como "ponto único" de soluções. A comodidade e confiança com seus profissionais atuais podem garantir um movimento cruzado entre as diversas categorias e serviços prestados.

Outras precisam de um pouco mais de raciocínio. Foi assim que, durante um seminário, o proprietário de uma clínica odontológica teve a ideia de oferecer o serviço de lavagem de automóveis a seus clientes. Como contava com diversos profissionais, e cada cliente costumava passar cerca de uma hora em atendimento, o tempo e a escala eram mais que suficientes para custear uma pequena equipe que pudesse lidar com o movimento dos clientes interessados em lavar o carro. As consultas espalhadas pelas agendas dos profissionais ao longo do dia forneciam um constante suprimento de clientes para o serviço.

Uma decisão que você precisará tomar é se cobrará preços de mercado tentando aumentar seus lucros ou se oferecerá algo, como um "a mais" que seu serviço possa proporcionar.

Independentemente disso, a ideia é aumentar o valor que cada cliente vê em escolher você como prestador de serviços. Independente do que você possa pensar, sempre há algo a oferecer para complementar o tempo e os recursos que os clientes investem na relação com você.

O público interno: um entre iguais

O público interno é o que chamamos tecnicamente do campo de uma atividade. Os diversos campos de serviços profissionais possuem uma história bastante longa e interessante. De modo geral, os conselhos profissionais que vemos hoje em dia em todas as profissões são remanescentes das guildas da Idade Média. As guildas eram associações profissionais que defendiam o interesse dos

ADMINISTRAÇÃO DO TEMPO **41**

membros de sua profissão, além de controlar a entrada de novos membros no campo, formavam unidades coesas entre competidores nos diversos campos de atuação.

Os serviços profissionais sempre se destacaram por atuar com base no conhecimento, algo de que seus integrantes e aqueles próximos a eles sempre se orgulharam. Não é à toa que o status social reservado a essas pessoas ainda seja bastante alto (embora muitos reclamem que os salários não sejam compatíveis).

As associações profissionais ainda hoje procuram conseguir vantagens para seus membros, eliminar potenciais competidores vindos de fora, controlar a entrada de novos participantes e outras atividades que herdaram do passado. Não só isso, elas são o campo profissional que se responsabiliza pela guarda do conhecimento em si. Os membros de um campo decidem o que é válido fazer ou não, o que está dentro ou fora de uma área de atuação, quais inovações são aceitas e quais serão deixadas de fora. Por meio de congressos e publicações, expõem novos conhecimentos e apresentam novos participantes uns aos outros. Em muitos casos, os membros de um campo são os maiores responsáveis pela atividade de divulgação, como quando seu clínico geral lhe indica um fisioterapeuta de confiança.

De oportunidades de aprendizado às indicações profissionais, focar sua atenção em melhorar sua posição e relacionamento com os outros integrantes de seu campo profissional pode lhe render bons frutos.

Não estou dizendo para você sair correndo e se candidatar na próxima eleição. Mas profissionais bem relacionados dispõem de algumas vantagens que você possa querer para si. Além da vantagem óbvia de receber indicações de colegas, o contato com o público interno é uma bela maneira de conseguir informações e novos conhecimentos que possam ser de seu interesse. Profissionais com um leque de contato amplo tendem a se expor a mais conhecimento, a um maior número de oportunidades e até a chegar a maiores postos profissionais do que seus concorrentes com menos contatos. Essas pessoas também têm mais ideias e mais chance de conseguir apoio para elas.[4]

Como fazer isso? Uma frase atribuída ao cineasta Woody Allen diz que "80% do sucesso está em aparecer". Ou seja, a melhor

---

[4] Falei bastante sobre esses efeitos em *O mito da criatividade*.

42 EMPREENDEDORES ESQUECIDOS

maneira de cultivar o público interno é comparecendo. Frequente os congressos, os cursos ou mantenha contato com seus colegas. Acredite, essa ideia pode parecer simples, mas não lhe parecerá tão boba quando os resultados começarem a surgir.

Manter contato com seu campo profissional faz parte de grande parte das atividades de desenvolvimento profissional. Na maioria das vezes, ao mesmo tempo em que aumentamos nosso envolvimento com nosso público interno, também nos engajamos em atividades que aumentam o valor de nosso tempo pago. E é por isso que agora nos voltamos a esse assunto.

Aumento do valor do seu tempo pago

Agora que já falamos sobre o que você pode fazer para atrair mais clientes e ocupar melhor suas horas cobradas, vamos falar um pouco de como fazer para aumentar o valor dessas horas.

O problema com as atividades de exploração é que muitas vezes os resultados são indiretos e difíceis de perceber. Não é por acaso que a grande maioria dos profissionais (e empresas) foquem seus esforços sempre na utilização máxima dos recursos que já possuem. A agenda de um profissional e a estrutura e conhecimento para realizar sua tarefa já estão ali, bastando ser preenchidas. Enquanto isso, as atividades capazes de aumentar o valor desses recursos são trabalhosas, muitas vezes requerem investimento e, o mais importante, consomem parcelas valiosas de seu tempo pago sem a garantia de fazer o investimento valer a pena. A conta é simples: quanto mais você investe em seu tempo pago, menos possui dele, e vice-versa.

A troca entre colocar recursos no mercado e utilizá-los, ou investir na melhoria desses recursos, é um típico exemplo do dilema do lidar com decisões de curto e longo prazo.

De uma grande empresa decidindo se investe em um novo mercado a uma pessoa acima do peso decidindo se pede aquela belíssima sobremesa ou começa uma dieta, as trocas entre o curto e o longo prazo são um fato da vida econômica.

Quando falamos em curto prazo, falamos de hoje, e geralmente naquelas decisões que vêm do estômago (ou sabe-se lá de onde).[5] Quando falamos em longo prazo, geralmente nos referimos a um

---

[5] Essa questão é tratada amplamente na área de finanças comportamentais. Os livros *Nudge*, de Richard H. Thaler e Cass R. Sunstein, e *Desvendando a mente do investidor*, de Richard Peterson, são belas introduções ao conceito.

período distante em alguns meses ou, mais corretamente, alguns anos à nossa frente. Diferentemente das decisões de curto prazo, as decisões de longo prazo costumam depender mais do raciocínio objetivo e analítico do que de desejos e vontades.

Aquela torta maravilhosa de chocolate está hoje a sua disposição, sorrindo para você na mesa de sobremesas. Aquela peça de roupa na vitrine está ali hoje a sua disposição para você provar e levá-la para casa. Apesar de você ter prometido correr sábado pela manhã, o jornal, a televisão e um belo café da manhã estão ao alcance de sua mão.

A competição entre o curto e o longo prazo é suja e desleal. O curto prazo está ali, concreto e a sua disposição, enquanto o longo prazo, na maioria das vezes, consiste somente numa ideia abstrata como "emagrecer" ou "construir um fundo de aposentadoria".

Quando, afinal, chega a tal aposentadoria? E a tal da saúde? Que diferença faz um dia a mais ou a menos, afinal, é apenas um dia...

O valor que atribuímos ao presente é extremamente alto em relação ao futuro. O futuro sempre é uma entidade distante em que teremos tempo de dar um jeito nas coisas. Sobretudo, ignoramos o efeito de pequenas ações ao longo do tempo.

Um bom exemplo é a decisão de começar a poupar. Em um cálculo simples, alguém que começa a poupar R$100 por mês aos 20 anos, com um rendimento de 0,8% ao mês, possuirá, aos 50 anos, R$209.000. Se essa mesma pessoa esperar até os 30 anos para começar a guardar dinheiro, terá que depositar R$285 todo mês, durante 20 anos, para chegar aos mesmos 50 anos com R$207.000. Dez anos de espera custam um belo investimento a mais por mês (sobretudo se levarmos em conta que os mesmos R$285 em 30 anos chegam a R$596.500).[6]

Resistir à tentação de consumir todo o dinheiro que entra mês a mês pode ser uma batalha entre seu "eu atual" e seu "eu futuro", mas é uma batalha para a qual vale a pena se preparar e disciplinar. É claro que o mesmo raciocínio pode ser aplicado do outro lado da conta: alguém que não resiste esperar mais um pouco por aquele tão sonhado carro (ou televisão, home-theater, apartamento...) pode ficar feliz em pagar uma "pequena" prestação que, quando acumulada ao longo do tempo, aliviará o bolso

---

[6] Utilizei o cálculo de juros compostos disponível em qualquer livro didático de finanças. Muitos sites financeiros e de bancos possuem simuladores que dispensam cálculos.

desse nosso amigo em uma quantia significativamente maior que o planejado. A força das pequenas quantias se acumulando para formar um grande número se mostra dos dois lados.

Exemplos da área de investimentos e aposentadoria são práticos, pois são fáceis de quantificar, mas a teoria se aplica em diversas áreas. Decisões sobre estilo de vida e questões profissionais mostram o mesmo efeito. Você não precisa ser um louco por esportes para saber que é melhor cuidar continuamente de seu corpo do que viver tentando mudar seu físico e hábitos alimentares. Lembre-se daquela pessoa que você conhece e que vive entrando em novas dietas e programas de exercícios, apenas para ceder à tentação e voltar ao sedentarismo e alimentação descontrolada algum tempo depois.

O mesmo vale para a carreira. Quantos profissionais se arrependem de não terem feito aquele curso ou ido atrás daquela oportunidade há anos? Alguém que começa sua carreira com o "pé direito", em uma boa posição e busca desde cedo se atualizar e ir atrás de novos conhecimentos não possui apenas uma vantagem pontual sobre um concorrente mais lento ou com menos iniciativa. As diferenças tendem a se tornar cada vez maiores enquanto um arrecada cada vez mais experiência e conhecimento, e o outro, problemas e reclamações.

No caso dos serviços profissionais, um fator importante é o peso da reputação, o reconhecimento que um profissional recebe por sua atuação. Na maioria das áreas, reputações não se fazem de uma hora para outra, mas são desenvolvidas por meio de anos de atuação profissional e contatos com o campo.

O mesmo vale para o valor de seu serviço. Uma recém-formada, por exemplo, dificilmente consegue cobrar o mesmo que profissionais com anos de mercado. A experiência, o conhecimento, os contatos e a reputação contam contra ela.

Com o passar do tempo, nossa amiga vai adquirindo clientes, fazendo cursos de atualização e aprimoramento, fazendo contatos e se tornando mais conhecida tanto pelo seu campo quanto para o público externo. Quem sabe ela se especialize em uma área específica, tornando seu conhecimento um recurso mais raro no mercado, algo que possa valer boas indicações. Quem sabe ela se torne mais conhecida do público externo, tornando-se colunista em algum veículo da mídia, o que lhe garantirá mais clientes mesmo sem uma habilidade diferenciada. À medida que ela realiza essas atividades exploratórias e algumas mostram resultado, nada mais justo que sua valorização profissional também subir. Ao final de alguns anos, com alguns esforços acumulados, ela pode ganhar mais em algumas horas do que conseguia em muitos dias de trabalho. Isso não quer dizer que ela esteja tirando mais dinheiro de seus clientes. Muito pelo contrário, as pessoas normalmente ficam mais felizes em pagar mais por um serviço de alto valor do que pagar pouco e sair com suas necessidades ainda não atendidas. Quanto maior o valor da hora paga de um profissional, maior a habilidade dele em oferecer valor a seus clientes.

Vamos ver agora algumas coisas que você pode fazer para aumentar o valor de suas horas:

Estudo

À primeira vista, falar que estudar aumenta o seu valor profissional pode parecer óbvio. Afinal, o que define o prestador de serviços profissionais é justamente a posse de um corpo de conhecimento específico, atualmente conseguido principalmente por meio do ensino de nível superior.

Mas não é tão simples. Apesar da maioria dos profissionais reconhecer sua importância, grande parte se limita aos estudos em que possam utilizar diretamente em suas atividades. Em outras palavras, aprendem a desempenhar os requisitos necessários para o dia a dia da atividade profissional escolhida, e tendem a ficar por lá.

Após o ensino formal e inicial, o processo de aprendizado é acelerado nos primeiros anos de prática. Esses primeiros anos são aqueles necessários para a pessoa passar da categoria de aprendiz, que necessita de supervisão, à de um profissional. A partir do momento que atingem o ponto em que são capazes de atuar por si só, o aprendizado decai rapidamente, momento em que a maioria das pessoas confia em grande parte de seu conhecimento anterior para realizar suas práticas. Só procurarão cursos e atualizações quando se sentirem forçados ou pressionados.

Uma pequena minoria, no entanto, segue em frente. Continuam e aprendem a estudar por conta própria sem a necessidade de usar o aprendizado de curto prazo. O efeito cumulativo do estudo é semelhante aos juros e nossos outros exemplos: alguém que estuda um pouco por dia, em dez anos estará bastante distante, em termos de conhecimento, de alguém que resolve "dar um gás" e tenta estudar diversas horas por dia em um curto período. Em pouco tempo, nosso amigo com hábitos estabelecidos de

46 EMPREENDEDORES ESQUECIDOS

estudo estará bastante à frente de nosso amigo que tenta recuperar o tempo perdido se trancando durante alguns fins de semana ou se matriculando em uma pós-graduação.

Não estou sugerindo que você não deve se concentrar em seus estudos de vez em quando, nem que não deve se matricular em pós-graduações ou outros cursos. Só estou dizendo que o conhecimento também possui efeito cumulativo. Você precisa economizar muito mais para chegar a R$200.000 em dois anos do que acumulando lentamente em 30 anos. Claro que no percurso, um ou outro depósito maior, em alguns anos bons, farão bem às suas economias, da mesma maneira que um período mais concentrado de estudos fará bem a alguém que já possui o hábito e um bom conhecimento acumulado.

Um fator interessante ao falarmos em estudos é que ele não precisa se limitar somente a sua área de atuação. Imagino que você já tenha uma ideia sobre isso, já que provavelmente este livro não tem nada a ver com a sua área de atuação, e ainda assim você o está lendo na expectativa de que isso o ajudará a se tornar um melhor profissional. Nunca é demais lembrar que alguns dos maiores avanços são feitos pelas pessoas que fazem "pontes" entre diferentes áreas do conhecimento. O aprendizado em outras áreas, além de refrescar um pouco sua cabeça, lhe dá perspectivas e conhecimentos novos. Você pode acabar agradavelmente surpreendido ao descobrir que aquele assunto diferente que aprendeu pode ser aplicado a sua prática profissional.

Pesquisas

O envolvimento em pesquisas em sua área muitas vezes é uma consequência direta da atividade de estudos ou envolvimento em pós-graduações. Apesar de, em muitas áreas, a realização de pesquisas ser encarada como algo abstrato e longe da realidade, o engajamento em algum tipo de pesquisa lhe permite trabalhar perto das fronteiras de seu campo.

Além da exposição a algum tópico de conhecimento avançado em sua área, o engajamento de pesquisas lhe oferecerá uma porta de entrada ao pensamento e método científico. Apesar das críticas, o método científico, desenvolvido na época do Iluminismo, é a base da sociedade moderna e de seus muitos avanços práticos. O domínio desse pensamento e algumas de suas técnicas e ferramentas lhe fornecerão outro modo de pensar não só sobre suas atividades, mas sobre diversas situações encontradas no dia a dia.

Uma consequência prática disso é que projetos de pesquisa tendem a resultar em publicações e apresentações. Além do conhecimento mais profundo sobre o tema que essas atividades trazem, elas ainda podem acabar aumentando sua reputação e visibilidade com o público interno.

O efeito aqui também é cumulativo; os profissionais com uma extensa lista de publicações em seu currículo são reconhecidos, enquanto iniciantes recebem pouca atenção.

Participação em congressos

A maioria dos grupos profissionais realiza periodicamente congressos e encontros e, descontados o custo e o tempo de deslocamento, podem ser boas oportunidades de se atualizar, desenvolver e aumentar contatos profissionais.

Nunca é demais lembrar que você não precisa se limitar aos congressos de sua linha de atuação. Frequentar eventos de outras linhas profissionais, sobre assuntos de seu interesse, pode ser uma bela maneira de ampliar seus conhecimentos e expandir sua rede de contatos em novas direções.

Atualização

Cursos, seminários e outras atividades de duração mais curta também podem lhe trazer mais valor. A vantagem desse tipo de atividade é que como não há tempo a perder, a dinâmica vai direto ao ponto. Na maior parte dos casos também não há a necessidade de provas e outras atividades que exigem um comprometimento, além do tempo que você disponibilizou para estar lá.

A alta rotatividade em cursos curtos e seminários ainda lhe trazem o benefício de ampliar sua rede profissional. Em vez de conviver com uma turma por alguns meses, alguém que escolhe fazer três ou quatro pequenos cursos ao longo do ano terá feito contato com quatro "turmas" diferentes.

Contatos pessoais

Vamos falar um pouco de um fato básico da vida social. Gostamos de pessoas que se parecem com a gente. Quanto mais uma pessoa concorda conosco em assuntos como política e economia, quanto mais interesses temos em comum e quanto mais nos identificamos com sua história pessoal, mais tendemos a nos dar bem com ela.

Apesar de essa postura parecer prática e confortável, o fato de isso acontecer de maneira não intencional impede que vejamos o outro lado da moeda: se as pessoas à nossa volta são mais parecidas, possuem opiniões, formação e informações parecidas com as nossas, são justamente aquelas pessoas fora de nossas preferências de amizade que possuem mais chances de nos trazer informações e perspectivas diferentes.

Circular e manter contato com pessoas de outras práticas profissionais, e até nos forçar a escutar o que os outros têm a dizer, por mais que não gostemos da resposta, são atitudes que potencialmente aumentam nossas informações e visões. Apesar de simples, confesso que esse é um conselho nem sempre fácil de ser seguido. É difícil lidar com pessoas diferentes, ouvir opiniões contrárias e até encontrar assuntos para conversar com pessoas de interesses diferentes dos nossos. Tudo isso exige alguma prática e uma postura bastante aberta. Por outro lado, as vantagens são igualmente grandes. Se, normalmente, as pessoas de um grupo se conhecem, que chances você tem de aprender algo que ainda não sabe? O mesmo vale para oportunidades: como você encontrará novas ideias, clientes ou até áreas de atuação sem se expor a um número maior de realidades e experiências? Não digo para abandonar seus velhos amigos, mas algumas perspectivas novas também não lhe farão mal.

Estudar, participar de pesquisas, congressos, cursos, atualizar-se e ampliar sua rede de contatos são algumas coisas que você pode fazer para se tornar um profissional mais valorizado. Em vez de somente procurar aumentar o número de horas ocupadas, vale a pena separar um tempo para se dedicar a aumentar o valor delas. Com tudo isso, seu tempo deve começar a ficar curto. O que nos leva ao próximo tópico.

Comprar tempo de outras pessoas

Se você já organizou seu tempo, está com a agenda corrida e arranjou algumas atividades que possam aumentar o valor futuro desse seu tempo, é hora de pensar em outra estratégia para otimizar sua prática: comprar o tempo dos outros.

ADMINISTRAÇÃO DO TEMPO **49**

Lembre-se: o tempo gasto tomando decisões ou realizando tarefas que podiam ser passadas a outras pessoas não corresponde somente ao tempo perdido naquele momento, mas ao tempo de atividades que você deixou de fazer e ao desgaste do momento. Por menor que esses fatores lhe possam parecer, o fator cumulativo deles pode se tornar imenso. (Volte à tabela de atividades que sugeri anteriormente: Você realmente colocou tudo? Quanto tempo é perdido com pequenas coisas em um dia? Uma semana? Um mês?)

Algumas soluções são bem diretas, e é por isso que contratamos e utilizamos os serviços de secretárias, assistentes, auxiliares e motoboys. Toda vez que você se perguntar se realmente precisa de um serviço desse tipo, provavelmente a resposta é sim. Fazendo isso você estará livre para atividades mais interessantes e rentáveis – como aumentar o valor de seu tempo, por exemplo.

Isso sem falar em serviços mais especializados como contadores, corretores e advogados. Diversos profissionais preferem passar horas quebrando a cabeça sobre assuntos que não são de seu domínio em vez de resolver a questão logo e se dedicarem àquilo que fazem melhor. Para ficar em um exemplo bem atual, a atual febre de investimentos e finanças pessoais fez diversas pessoas que nunca olharam o balanço de uma empresa resolverem se lançar à tarefa de escolher suas opções de investimento.

Não me leve a mal. Sou totalmente a favor da difusão de conhecimento financeiro e da popularização da bolsa de valores. Conhecimento nunca é demais, ainda mais em uma área capaz de fazer tanta diferença na vida. As decisões tomadas nessa área podem levar a um bom padrão de vida e a uma aposentadoria confortável, com direito a casa de praia e outros confortos, permitindo àqueles que se preparam finalmente desfrutar de tudo que construíram na vida. Acho que todos deveriam se interessar e assumir controle e responsabilidade pelas decisões capazes de fazê-los chegar lá.

Por outro lado, más decisões financeiras também podem destruir o trabalho de uma vida em alguns minutos. Quando vejo advogados ou médicos me dizendo que passaram algumas horas escolhendo uma ação para investir, penso que isso pode ser um problema.

No meio de toda a empolgação com investimentos esquecem que se fosse tão fácil, não existiriam profissionais com treinamento e experiência na área. É fácil esquecer que nessa área é extremamente difícil separar competência de sorte, e que talvez esse mesmo médico ou advogado tivesse o mesmo resultado apenas investindo em um bom fundo de investimentos que não lhes dessem dor de cabeça.

Hoje, se alguém me pergunta como deve lidar com seus investimentos, costumo perguntar se essa pessoa realmente quer aprender o suficiente para tomar decisões comparáveis às de um profissional da área. Afinal, se sua perspectiva de resultados é pior que a de alguma opção disponível, por que se dar ao trabalho? Se a resposta for negativa, sabemos que a melhor opção é procurar uma boa ajuda profissional.

Claro que essa assessoria ou gestão de patrimônio terá um custo. A pergunta que você deve se fazer é, no entanto, se esse custo paga o tempo que você perderia se resolvesse realizar a atividade por si mesmo. No nosso exemplo, quantas horas livres foram gastas escolhendo ações como se fossem cavalos no páreo, quando poderiam ter sido utilizadas em atividades mais produtivas para o profissional? Mesmo se ganhassem uns trocados a mais, o tempo investido não seria mais lucrativo se investido em suas atividades profissionais?

Não se esqueça de que atualmente há dezenas de profissionais especializados que podem ajudá-lo. Se você quer se aproximar da imprensa, não precisa sair enviando e-mails para todos os veículos que encontrar pela frente, um bom assessor pode ajudá-lo. Webmasters podem ajudar a manter seu site, designers podem ajudá-lo a padronizar toda a sua comunicação. Enfim, em um mundo povoado por serviços que vão do *personal trainer* ao *personal shopper*, vale a pena terceirizar algumas de suas atividades.

As melhores candidatas são aquelas atividades paralelas a sua prática e que lhe tomam mais tempo, as que você considera uma distração de seu foco principal, e, vez por outra, não há mal em arranjar alguém para fazer aquelas que você considera chatas. Claro que tudo isso só deve ser feito se você acompanhou a leitura até aqui e tem coisas melhores para fazer com o seu tempo.

A lição é só uma: procure ser pragmático no uso de seu tempo e no trato de questões fora de sua área de conhecimento. Na maioria das vezes, a melhor ideia é resolver o problema de uma vez arranjando um especialista para lidar com a questão para você. Não é isso que você sugere a muitos de seus próprios clientes?

Comprar e compartilhar o tempo de seus colegas

Outra opção é comprar o tempo de profissionais de sua área de atuação.

ADMINISTRAÇÃO DO TEMPO **51**

O uso de profissionais juniores é mais ou menos evidente em diferentes áreas. A área de serviços profissionais possui uma característica bastante interessante: a grande maioria das pessoas que está entrando no mercado não está atrás de empregos, mas sim de carreiras.

Isso quer dizer que, ao contrário de outras linhas profissionais, o salário e os ganhos ao fim do mês não são tão importantes. Fatores como aprendizado, contatos e reputação costumam pesar mais na decisão de novos profissionais do que o ganho financeiro em si.

Sendo assim, é comum vermos novos entrantes, geralmente na posição de estagiários e trainees,[7] felizes em trabalhar pelo que nos parece uma quantia menor de dinheiro. O resultado é uma organização baseada na prática organizacional, que não deve nada ao modo como as guildas profissionais se organizavam há centenas de anos.

Começamos com um profissional experiente. Para nossas contas ficarem fáceis, vamos dizer que ele recebe R$100 por uma hora de trabalho. Digamos que R$100 é o máximo que um profissional da área possa cobrar, mas você pode encaixar o valor que quiser para analisar sua própria situação.

Esse profissional possui apenas um número limitado dessas horas para vender, digamos 8 horas por dia durante 5 dias da semana. Como um profissional requisitado de agenda lotada, nosso amigo ganha R$4.000 por semana pelo seu serviço.

Se ele está cobrando um valor de mercado e ocupando todas suas horas, o que podemos fazer por ele?

Mesmo que nosso amigo seja um profissional especialista e respeitado em sua área, podemos dizer que nem todos os casos que chegam a ele necessitam da totalidade de seu conhecimento. Alguns casos mais simples poderiam ser feitos por profissionais menos experientes, alguns procedimentos poderiam ser realizados por outra pessoa com um menor nível de conhecimento e apenas checados pelo mais experiente, algumas tarefas administrativas e burocráticas também poderiam ser delegadas a um júnior.

Vamos às famosas reclamações dos juniores: tirar xerox de documentos para seus chefes. Contadores, advogados, consultores e outros profissionais costumam precisar de tarefas de escritório, como cópias de documentos, checagem e acompanhamento de processos, checagem inicial de dados, e assim por diante.

---

[7] Para facilitar a discussão, vamos chamar um novo profissional de "júnior".

Imagine que nosso amigo profissional de alto nível realiza sozinho todas essas tarefas. O tempo que ele passa em frente à máquina de xerox ou checando um arquivo na Internet teria que ser cobrado integralmente de seus clientes.

Provavelmente isso não é um bom negócio para nenhuma das partes. De um lado, o profissional realmente possui conhecimento que justifica o preço cobrado quando esse conhecimento é utilizado. Por outro, o cliente pode começar a se perguntar por que está pagando tão caro por horas de xerox e outras tarefas simples.

A solução é procurar alguém que entenda do assunto o suficiente para lidar com as tarefas mais simples, enquanto o profissional pode focar sua atenção em criar valor para seus clientes onde ele realmente pode fazer diferença.

Digamos que ele contrata um júnior por R$10 a hora, cobrando R$25 do cliente por hora trabalhada. O cliente fica feliz, pois sabe que seus gastos cairão, o júnior fica feliz por sua nova posição (não se esqueça de que esse profissional não valoriza tanto o salário, mas sim oportunidades de carreira), e o profissional experiente fica feliz em lidar com as trapalhadas do júnior e ensiná-lo a ser um melhor profissional. Agora, além de economizar tempo, o profissional experiente aumenta seu ganho potencial em R$115 a hora (R$25 menos R$10 de pagamento ao júnior).

Com o passar do tempo e o aumento do serviço, mais juniores podem ser agregados, além de posições intermediárias. Vamos dizer que o profissional possa usar dois juniores à "carga completa", ou seja, utilizando as suas horas e a dos juniores por 8 horas diárias. Além do ganho em produtividade, o ganho financeiro agora vai para R$130.

Após algum tempo, a prática pode começar a crescer. O primeiro júnior já possui experiência suficiente para lidar com alguns casos por conta própria. Agora ele pode ser promovido a profissional *full time*.

Agora temos um mestre e um profissional, cada um com dois juniores. Digamos que agora o mestre cobre R$120 para lidar apenas com os casos mais difíceis, passando os mais fáceis ao profissional que cobrará R$80 para lidar com os casos mais fáceis. Ambos ajudados por dois juniores cobrados a R$25 cada.

O exemplo vai ficando mais complexo, mas acompanhe só mais essa vez: o profissional pode receber R$60 de seu próprio trabalho, além de R$5 de cada júnior, enquanto o mestre recebe

R$20 de seu profissional, R$10 de cada júnior dele e R$15 de cada um de seus juniores.

Perceba que todos têm algo a ganhar nessa organização: sem a oportunidade, aprendizado, clientes e estrutura do mestre, o profissional dificilmente estaria na posição que está hoje. Se deixasse a prática, provavelmente esses fatores lhe fariam falta, e mesmo imaginando que poderia ficar com os R$80 para si, integralmente, talvez a história seja diferente. Sem a associação ao mestre de prestígio, o apoio e a estrutura, esse profissional pode se ver de novo na estaca zero. Os juniores ficam felizes em trabalhar pela oportunidade de um dia se tornarem profissionais plenos. O mestre aumenta seus ganhos e melhora o desempenho de sua prática. Qualquer cliente que entre pela porta também ficará feliz sabendo que seu problema estará nas mãos de um profissional de "calibre" certo. Não desperdiçará dinheiro com um profissional de alto nível quando não precisa dele, e sabe que o profissional menos experiente procurará o profissional de maior nível quando surgir a necessidade. Algo que não aconteceria se procurasse a prática mais barata de um profissional iniciante sem a supervisão de um mestre de alto nível.

Até agora ignorei os custos disso tudo, mas convenhamos que na maioria dos casos os custos se alteram muito pouco. Mesmo quando é necessário um gasto para acomodação de todo esse crescimento, o maior número de atendimentos, expansão de atividade e ganhos com a prática agregada fazem os custos parecer irrisórios.

Quero chamar a sua atenção para o papel do crescimento da organização nisso tudo: lembre-se que os profissionais em níveis mais baixos não entram pelo dinheiro, mas pela perspectiva de crescimento que o engajamento lhe traz. Logo, é preciso que essa perspectiva seja real. É claro que todos sabem que o crescimento profissional não é algo certo, e algumas práticas profissionais, principalmente no mundo das consultorias, são bastante agressivas em contratar diversos iniciantes a salários relativamente baixos, demitir a maioria deles em alguns anos para ficar com apenas alguns a médio e longo prazo. Os juniores aceitam de bom grado pela promessa de uma belíssima carreira àqueles que resistirem até o final.

Para isso, é preciso existir um ritmo de realização de promessas. Para transformar seus juniores em efetivos, seus efetivos em líderes e seus líderes em sócios, a organização precisa crescer o

54 EMPREENDEDORES ESQUECIDOS

suficiente para acomodar essas novas posições. A hora que a organização para de crescer, ela para de oferecer oportunidades a seus participantes mais jovens. Sem perspectivas, eles irão procurar essas oportunidades em outro lugar.

A lição é que o crescimento de uma prática profissional em muitos casos não depende da vontade e desejo de quem está no topo. Muitas vezes a demanda vem de baixo. A organização precisa crescer para continuar oferecendo acomodação a seus integrantes e atraindo novos talentos. Ignorar essa dinâmica é um erro bastante comum em práticas que um dia foram referência, mas hoje definham sem perspectivas.

O exemplo e explicação anterior aplica-se a muitas práticas, mas não completamente e da mesma maneira. Cabe a você decidir se vai usar o modelo completo ou utilizar algumas de suas características.

Um caso mais simplificado, encontrado frequentemente na área de saúde, é o de profissionais independentes que alugam espaço em clínicas e salas de outros profissionais. Ainda que não da mesma forma, muitos profissionais com mais tempo de mercado (e mais recursos financeiros) alugam salas para colegas. Não só a sala e o preço do aluguel pesam nessa decisão: estrutura, marca, conhecimento e a própria disponibilidade dos outros profissionais que dividem o espaço podem pesar na decisão, criando valor para quem paga e para quem recebe.

A compra do tempo de outros profissionais é um fator tão importante que já movimenta mercados inteiros. Alguns grupos empresariais já se especializaram em oferecer estrutura e facilidades para profissionais de diversas áreas que, em vez de manter sua própria estrutura e desenvolver sua prática independentemente, preferem pagar pelo serviço e receber uma "prática profissional" completa para seu uso.

O USO DO TEMPO E SEU OBJETIVO

Agora que você já entende melhor o uso que pode fazer de seu tempo e a relação entre o tempo cobrado e o tempo não cobrado, resta a questão: Quanto de seu tempo deve ser dedicado a cada atividade?

Para responder a essa pergunta, precisamos levar em conta o seu objetivo. O ideal é que profissionais em início de carreira, ao buscarem mudanças ou crescimento, dediquem uma parcela maior de seu tempo às atividades exploratórias. Conforme o profissional se estabelece e está interessado na continuidade, maior peso deve ser dado à atividade de utilização.

Não existe uma fórmula para definir exatamente as quantias que você deve separar para o "Tempo pago" e o "Tempo não pago". No entanto, algumas direções gerais podem ser dadas para ajudá-lo a chegar à melhor proporção para o seu caso.

Apesar de termos colocado confortavelmente os tipos de atividades "não pagas" em uma grande categoria de "exploração", existe uma diversidade de atividades que você pode se engajar. Apesar de termos colocado as duas sobre o mesmo teto, aumentar seus esforços de divulgação não tem o mesmo efeito de se engajar em uma atividade de pesquisa. O tipo de atividade que você fará nesse tempo também deve ser definido de acordo com seu objetivo.

O modo mais simples de explicar isso tudo é por meio da demonstração. Sendo assim, vamos ver como três tipos de profissional, o aprendiz, o profissional e o mestre, devem organizar seu tempo e atividades.

ESTÁGIOS DA VIDA PROFISSIONAL

O aprendiz

Mariazinha é uma contadora recém-formada. Possui conhecimento básico de sua área e alguma experiência como estagiária. Nessa fase de sua vida, ela sabe que abrir uma prática própria seria suicídio econômico. Sem ser conhecida no mercado, sem contatos e experiência suficientes, as chances de se dar mal são grandes.

Por outro lado, ela não quer apenas um emprego. Faz tempo que sonha com o dia em que finalmente seria uma contadora, e agora que esse dia chegou ela quer desafios e a perspectiva de chegar longe.

Após algum tempo consegue um cargo de trainee *em uma grande consultoria de sua área. Ela sabe que as horas provavelmente serão mais longas e o salário mais baixo que em outro emprego. No entanto, acha que o aprendizado fará valer a pena.*

E estava certa. Não só ela teve contato com grandes empresas que dificilmente teria em uma prática menor, como sua empregadora dispunha de condições de investir em seu aprendizado. Além dos cursos em que se engajava em seu tempo livre, Mariazinha recebia treinamentos em sua empresa e era acompanhada por um profissional mais experiente com o qual poderia aprender.

Quando está iniciando uma carreira, a grande maioria dos profissionais não possui um valor muito alto pelas suas horas. Logo, seria tolice querer estabelecer uma prática baseada em uma utilização quase completa dessas horas. Esse profissional tende a se ver rapidamente em maus lençóis. Além de não possuir um valor superior ao dos seus competidores, também não está investindo no desenvolvimento desse valor. Sua única direção é para baixo, já que a cada ano mais e mais profissionais entram no mercado, e o conhecimento tende a ficar ultrapassado com a passagem do tempo.

O foco principal do profissional aprendiz deveria ser o de se desenvolver profissionalmente. Atividades não pagas devem ter um peso grande (o que normalmente é vantajoso para aqueles que possuem a energia da juventude). Aprendizado e contatos devem ter um grande peso, enquanto atividades mais tradicionais de divulgação, como participação na mídia, geralmente exigem profissionais de maior renome no mercado.

O profissional

Joãozinho é um médico com 10 anos de experiência. Após um período de muito trabalho e noites mal dormidas, conseguiu estabelecer sua própria prática profissional. Como sua agenda está lotada durante o dia, sair atrás de mais clientes seria pura perda de tempo. Uma ou duas vezes por ano, no entanto, Joãozinho frequenta um congresso na sua área de especialidade. Isso o mantém atualizado e em contato com seus colegas. Na mesma proporção, participa de cursos de curta duração com o objetivo de complementar sua prática ou se atualizar. Joãozinho possui pacientes fiéis e uma rede de relacionamentos com seus colegas que lhe rendem espontaneamente novas indicações. É justo que nesse estágio de sua profissão ele se dedique às atividades de utilização de seu tempo.

Quando o profissional consegue se estabelecer no mercado, já com um punhado de clientes e alguma reputação, é hora da balança pender para a utilização. O período de maturidade profissional também costuma coincidir com uma fase de mais gastos e necessidade de planejamento na vida pessoal. Nessa fase, a maioria das pessoas está preocupada em coisas como pagar o apartamento, investir para a aposentadoria e pagar a escola dos filhos. Se fez um bom trabalho como aprendiz, agora é hora de começar a colher os frutos.

Em meio às demandas do dia a dia, o maior erro é focar totalmente em esforços de utilização. As contas precisam ser pagas no fim do mês, os compromissos e as responsabilidades se acumulam e nada mais justo que as atenções se voltem a cobrar e ganhar pelo seu tempo. Ainda assim, por mais que seja difícil ou a diferença seja sentida no bolso no fim do mês, os esforços exploratórios não devem ser ignorados. Mais cedo ou mais tarde o profissional que deixa de aprender, de atualizar-se e de fazer contatos estará estagnado e obsoleto em sua profissão. Não só os clientes começam a sumir, mas o conhecimento que antes bastava para uma boa prática hoje não basta mais.

Quantas empresas que um dia já foram geniais acabaram no esquecimento devido à confiança excessiva em seus avanços passados, enquanto muitas continuaram inovando e se distanciaram do passado? Quantos ex-funcionários de empresas reclamam de terem sido aposentados antes da hora por serem considerados "velhos" pelo mercado, enquanto outros são cada vez mais valorizados? A prática profissional é similar a um recurso natural: se utilizado em excesso, primeiro parará de crescer, depois entrará em decadência.

O mestre

Luizinho é um advogado conhecido em sua área. Após anos estabelecido em sua prática, decidiu que era hora de fazer seu escritório crescer para, quem sabe um dia, começar a pensar em aposentadoria. Começou oferecendo sociedade a dois de seus funcionários.

Como sócio-fundador e nome mais conhecido no mercado, Luizinho passa a maior parte de seu tempo conversando com clientes e divulgando sua prática. Ele geralmente se faz presente no início de um relacionamento, onde assegura a seus clientes que os processos receberão o melhor tratamento possível e ficarão sob sua supervisão. Em seguida, apresenta um dos sócios que, juntamente a sua equipe, se responsabilizarão pela execução. Luizinho coloca-se à disposição do cliente para qualquer dúvida ou problema, promete acompanhar o processo e após a reunião parte para seu próximo contato. Também realiza palestras, escreve artigos e, algumas vezes, é citado pela mídia em relação a alguma questão de sua especialidade.

58 EMPREENDEDORES ESQUECIDOS

Apesar de "colocar a mão na massa" de vez em quando, a maior parte de seu tempo é gasta supervisionando e orientando a equipe, encontrando clientes e outras atividades não remuneradas diretamente. Como já possui estrutura para isso, essa atividade é lucrativa para todos, já que ele é "a face" da prática profissional. O escritório já conta com mais alguns sócios minoritários e é considerado um dos melhores na região para novos advogados começarem suas carreiras.

Em uma fase mais avançada da carreira, o profissional pode começar a fazer a experiência, reputação e escala contarem a seu favor. De relações hierárquicas à simples oportunidade de estarem por perto alugando um espaço conjunto, a maioria dos profissionais menos experientes ficarão felizes de se juntar a profissionais mais tarimbados. Nessa fase da carreira, o volume de horas cobradas tende a se reduzir novamente enquanto a atividade exploratória volta a ganhar mais peso. Por outro lado, é nessa época que muitos profissionais veem seu tempo atingir o máximo do valor em suas carreiras.

Muitos profissionais que poderiam capitalizar seu conhecimento e reputação e chegar à prática de mestre continuam agindo como profissionais do nível abaixo. Não importa se você vai abrir uma grande prática profissional, se quer apenas continuar atuando como sempre ou se está pensando em se aposentar. Você sempre pode criar mais valor quando possui conhecimento, experiência, contatos e outros atributos acima da média do mercado.

O próprio conhecimento de mercado pode valer muito. Como montar uma prática? Qual a melhor localização? Como um grupo de profissionais deve ser organizado? As melhores respostas geralmente vêm daqueles com mais experiência. Por isso vemos muitos profissionais servindo como mentores aos mais jovens. Fornecer estrutura, conhecimento e até condições para a prática dos novatos é algo que pode e deve ser capitalizado.

É nessa época também que muitos profissionais resolvem buscar atividades mais "nobres" e perseguir velhos sonhos. Engajar-se em pesquisas e outras atividades acadêmicas, perseguir o sonho de escrever livros e envolver-se em conselhos de empresa e atividades de cunho social costumam atrair a atenção dos profissionais mais graduados de um campo. Todas as atividades que, como efeito colateral, tendem a atrair ainda mais reputação e recursos.

A balança do tempo

Apesar do estágio que você se encontra em sua carreira e de seus objetivos nos darem alguma direção sobre como você deve administrar seu tempo, a decisão deve ser somente sua. Afinal, ninguém melhor do que você para decidir a direção que sua vida deve tomar e aonde você quer chegar. Em algumas fases sentirá a balança naturalmente pendendo para um lado, em outras para o outro. No entanto, em meio às atribuições do dia a dia, é preciso se manter atento para não perder o controle.

Utilizar seu tempo ao máximo para sempre sair no lucro é tentador, pois oferece um suculento resultado de curto prazo. O mesmo vale para a exploração: não adianta se engajar em diversas iniciativas e ficar sem tempo suficiente para colher os frutos. Utilização sem exploração leva você ao perigo de estagnação e queda. Exploração sem utilização leva você a nunca receber pelos resultados de seu esforço. Qualquer que seja sua decisão na proporção de tempo a alocar cada atividade de seu dia a dia, lembre-se de que deve haver uma parte mínima de cada tipo de atividade.

Muitos profissionais acreditam que lidar com o tempo é simples: passe o maior tempo possível trabalhando e ponto final. Como vimos, não é bem assim. Longas horas não substituem horas bem planejadas. O desgaste de ficar sempre decidindo o que fazer, a sensação de não saber o que fazer com os espaços na agenda, a dúvida quanto ao que deve ser feito, o estresse e desgaste de trabalhar cada vez mais por um tempo que vale cada vez menos, sem falar naquelas atividades que muitos profissionais se engajam para ter a sensação de realizar algo quando estão literalmente "matando" o tempo (reuniões intermináveis, por exemplo), são apenas algumas das armadilhas que aguardam o profissional que pensa em seu tempo somente em termos de volume.

Cada uma dessas armadilhas contribui para a queda do desempenho profissional. Ao assumir um controle ativo de como seu tempo é utilizado, você notará que o que importa não é só o volume, mas como você utiliza e como se prepara para utilizar seu tempo. Cuide de seu tempo como se ele não durasse para sempre, no longo prazo você não estará errado.

CAPÍTULO **3**

Conhecendo seu negócio: características dos serviços

VAMOS DIZER QUE POR um breve momento você se cansa de ler este livro e resolve sair para tomar um café com um pão de queijo. Você sai de sua casa ou escritório, passa na frente de uma padaria, dá uma olhada nela por fora e resolve entrar. Você se aproxima do balcão e olha os alimentos expostos. O cheiro e aparência daquilo tudo convencem. Você pede seu pão de queijo e um café e escolhe uma mesa para se sentar.

A atendente traz um belíssimo pão de queijo e um café que só pelo cheiro deixa você mais feliz. Você olha o pão de queijo, sente a textura dele com as mãos, leva-o à boca e dá uma mordida. O gosto, o cheiro e a textura do alimento aumentam a sua satisfação a cada mordida.

O pão de queijo e o café são produtos. Apesar de podermos considerar todo o contexto onde o consumo ocorreu, como a aparência da padaria, de seus atendentes e do ambiente a sua volta, você entrou e comprou algo bastante palpável. Em última instância, se a padaria fosse a mais linda do mundo e a comida não tivesse gosto, você sairia de lá levemente decepcionado. Por outro lado, se o lugar não prometesse muito, mas servisse um belíssimo lanche, você sairia feliz da vida.

O local influi, e já falaremos sobre isso. No momento, note que ao comprar um produto físico como um pão de queijo, uma peça de roupa, um computador ou um carro, o que decide a sua satisfação é se sua aquisição correspondeu às suas expectativas. Após a compra, você dispõem de medidas concretas para decidir se está feliz ou não com sua escolha. O carro consome demais? É difícil de manobrar? Possui uma boa resposta? É bonito? As características físicas dos produtos o ajudam a decidir antes e depois da compra sobre se vale a pena adquiri-lo e se você está feliz com a compra que fez.

CONHECENDO SEU NEGÓCIO: CARACTERÍSTICAS DOS SERVIÇOS **61**

Vamos comparar sua ida à padaria com a experiência de receber um serviço profissional:

Você vai ao médico, ele faz uma série de perguntas, realiza alguns procedimentos de diagnóstico e pede alguns exames. Ao final, ele se senta a sua frente e lhe apresenta o resultado. Você sai do consultório em direção a uma farmácia com uma receita médica. Em um mês, você tem uma nova consulta para analisar como o tratamento evoluiu.

Apesar de ter uma vaga ideia do que aconteceu, não dispomos de meios objetivos de validar ou não a opinião do profissional. Não sabemos se o diagnóstico foi o mais acertado, se o profissional considerou todos os dados, se deveria ter pedido mais exames, ou ainda se sua indicação de tratamento é a melhor possível. A única opção para sanar essas dúvidas seria consultar outro profissional. Se os dois concordarem, podemos ficar mais seguros. No entanto, novas opiniões podem acabar gerando mais confusão ainda: Se um profissional discorda de outro, como deve um leigo decidir em quem confiar?

O mesmo acontece em todas as outras linhas. É comum clientes e pacientes esperarem que seus médicos, consultores e outros assessores profissionais lhes deem informações sobre o que será feito. Mas há um limite, afinal é por isso que as pessoas estudam, se desenvolvem e ficam cada vez mais experientes com a prática.

Um profissional não pode explicar exatamente os passos que o levaram a uma conclusão ou ação. Muito menos discutir sobre suas decisões com um leigo no assunto. Fazendo isso, ele só estaria se prejudicando e piorando a qualidade de seu trabalho.

Por mais que o cliente queira se envolver na decisão, e até insista para isso, é papel do profissional guardar a análise para si e compartilhar somente algumas informações que ofereçam um quadro geral ao cliente. Não fazer isso seria agir contra os interesses do próprio cliente.

Um leigo nunca pode ter acesso ao raciocínio utilizado por um profissional para chegar a uma conclusão. Não tem como entender as tecnicidades, variáveis e inter-relações que costumam aparecer no mundo real.

Sendo assim, surge um problema: de um lado, temos profissionais responsáveis procurando tomar as melhores decisões para as pessoas que atende; de outro, temos pessoas leigas, sem meios de avaliar ou observar diretamente o que está acontecendo. Apesar

62 EMPREENDEDORES ESQUECIDOS

de sentirmos dor, precisamos de um médico para nos dizer o que ela significa. Apesar de sabermos que aquele processo trabalhista pode ser um problema, somente nosso advogado pode nos dar uma ideia da situação com a qual estamos lidando.

Do ponto de vista de quem recebe um serviço, toda a experiência é bastante abstrata. Mesmo quando um serviço resulta em algo palpável, como relatórios, pareceres e aparelhos, esses objetos são só resultados de um contexto maior aonde ocorreram interações, análises e muitas vezes decisões e ações fora do conhecimento do cliente. Mesmo quando produzem objetos físicos, a situação não é tão direta quanto ir ao shopping e comprar uma calça.

Como não possuímos informações suficientes, passar por um serviço profissional pode gerar diversas sensações como insegurança, falta de confiança, medo e ansiedade. Apesar de grande parte dos profissionais acreditar que se oferecerem um serviço de qualidade seus clientes ficarão com eles, muitas vezes é por causa de sentimentos como esses que relações são quebradas. É função do prestador de serviços profissionais melhorar a experiência pela qual as pessoas passam quando estão sob sua competência, e sempre garantir às pessoas que o procuram que fizeram a escolha certa.

FORMATANDO A SUA OFERTA

Oferecer um serviço é diferente de oferecer um produto. Não é possível examinar diretamente um serviço, nem segurá-lo ou colocá-lo em ação para ver se funciona como faríamos com uma televisão, por exemplo. Vemos a imagem de uma televisão e podemos decidir se ela tem a qualidade que esperamos pelo preço que estamos dispostos a pagar. Quando falamos em serviço, na maioria das vezes temos somente uma sensação, ou nossas próprias percepções abstratas, sobre a experiência.

Também não podemos testar serviços antes de adquiri-los como fazemos com produtos. Você não pode experimentar um corte de cabelo. Se resolve ir a um novo cabeleireiro e ele se sair mal, não pode devolver o corte e pedir outro. Tudo que você pode fazer é esperar seu cabelo crescer de volta enquanto anda por aí com um corte parecido com o do pica-pau.

Pode ser difícil arranjar dados concretos para avaliar o desempenho de um serviço como fazemos com um produto físico. Um produto físico pode ser observado diretamente.

CONHECENDO SEU NEGÓCIO: CARACTERÍSTICAS DOS SERVIÇOS   **63**

No caso de serviços profissionais, muitos clientes não dispõem sequer dos meios de julgar a qualidade e o desempenho de seus prestadores. Quem nunca saiu do cabeleireiro se sentindo o máximo para só depois perceber o assassinato cometido em sua bela cabeleira? Geralmente, podemos apenas nos perguntar se nos sentimos bem, e se a escolha nos pareceu acertada.

Não bastassem essas dificuldades, no caso dos serviços profissionais a coisa ainda se complica mais um pouco. Se o seu telefone celular começa a dar problemas, você pode se irritar com a empresa que vende o serviço. Você pode até mudar de operadora, mas sabe que essa irritação não passa de um pequeno incômodo.

O mesmo não acontece com o provedor de serviços profissionais. Se seu contador se engana, bem-vindo à malha fina do imposto de renda. Um advogado pode lhe custar um bom dinheiro e outros problemas em um processo mal resolvido. Um erro médico ou até uma falha do diagnóstico podem lhe trazer belas complicações de saúde.

Como fazer para lidar com todas essas questões?

Administrando pistas

Como não possuem os meios de avaliar a decisão, o processo e, muitas vezes, até o resultado e a qualidade profissional, as pessoas que recebem o seu serviço se baseiam em pistas para decidir se estão contratando um bom profissional.

Apesar de ser considerado por muitos a parte menos importante de seu trabalho, os pequenos detalhes fazem toda a diferença aos olhos do cliente.

Pode parecer que estou brincando, mas a pintura das paredes, a roupa e os modos que os profissionais e seus assistentes se apresentam, a aparência e até a limpeza dos banheiros contribuem para a formação do julgamento final sobre o seu serviço.

Eu sei que você e os outros profissionais de sua prática passaram um bom tempo se dedicando às suas áreas. Provavelmente passaram por graduações e pós-graduações, treinamentos e experiência prática para poderem exercer sua profissão. Seus clientes também sabem, mas lembre-se de que essas coisas são difíceis de observar.

Na falta de algo palpável para julgar um profissional, julgamos aquilo que está à nossa disposição. O estado de seu banheiro, o ambiente de sua sala de espera e até a data das revistas espalhadas na mesinha de centro são todos objetos facilmente observáveis.

64 EMPREENDEDORES ESQUECIDOS

Essa é uma descoberta relativamente desagradável para muita gente. Se você se enquadra na longa lista de profissionais que se sentiram ofendidos quando eu disse pela primeira vez que seus clientes os julgam pelos seus banheiros, lembre-se que é exatamente por isso que eu resolvi escrever este livro, e exatamente por isso que você o tem em mãos: para ajudá-lo a melhorar sua prática.

Pense como você se sente em suas experiências como consumidor de um serviço. Digamos que você resolveu procurar um consultor financeiro. Pela janela, você o observa entrar no estacionamento de seu escritório. Como você se sentiria mais confortável? Com essa pessoa chegando em um carro topo de linha ou um surrado carro popular? Essa pessoa trabalha com dinheiro! Se não consegue arranjar algum para trocar de carro, por que você deve confiar nela com o seu suado dinheiro?[1]

Apesar de o carro dizer muito pouco sobre esse profissional, ou até lhe passar ideias errôneas, uma vez que você o viu chegando é difícil ignorar essa informação. Estando cientes ou não, ela entrará na equação que usaremos para atribuir valor a esse profissional.

O mesmo vale para a apresentação dessa pessoa, o modo como examina e lida com nossas questões, a segurança que nos passa. Julgamos ainda de acordo com os trejeitos, modo de falar e se comportar e até dicas comportamentais e fora de nossa percepção que nos dizem se "gostamos" ou não dessa pessoa.

Se vamos encontrá-la em seu escritório, o ambiente, os profissionais que nos recebem, a sala para onde somos direcionados servem todos como pistas para formar nossa opinião.

Por mais que gostássemos de acreditar que somos julgados somente por nossos métodos profissionais, o fato é que todos os detalhes de um serviço profissional têm um peso na impressão que as pessoas levarão de nós. Um escritório malcuidado e um atendente mal-humorado podem contribuir para aquela sensação

---

[1] Esse exemplo é propositalmente uma armadilha: uma longa geração de financistas, de Ben Graham a Warren Buffett e Jack Treynor, mostraram que, se um carrão lhe diz alguma coisa sobre um especialista nessa área, é que você deve desconfiar dele. A razão é que bons profissionais sempre terão boas ideias sobre o que fazer com dinheiro, e gastar em um carro não é uma delas (o valor futuro desse dinheiro é sempre alto demais para ser esbanjado). Por outro lado, muitos clientes desconfiariam se vissem seu profissional andando de carro velho. As figuras acima lhe diriam para desconfiar justamente daqueles que não parecem dar valor ao próprio dinheiro, e ao dos outros.

que todos já passamos como clientes: a de que deve existir uma opção melhor.

E é exatamente por isso que devemos levar a questão a sério e agir. Você só vai acreditar que colocar flores frescas no vaso, fazer uma limpeza frequente em todo o ambiente e conversar seriamente com sua equipe de apoio sobre como lidar com as pessoas que chegam até você fará diferença em seu serviço profissional quando você começar.

Fique atento aos detalhes. Procure ao máximo evitar sinais de desgaste e decadência física. Todos os ambientes devem sempre estar arrumados e prontos para uso. Fragrâncias, som ambiente, flores e decoração podem contribuir para a sensação de bem-estar de seus clientes, desde que usados de forma discreta e com equilíbrio. Lembre-se do que diz o ditado: "É o olho do dono que engorda o gado."

Oferecendo algo real

Na falta de objetos reais para oferecer aos clientes, uma boa opção é criar artefatos reais que possam ser levados ou somados à experiência do serviço.

Assim, a opinião técnica do consultor ou do assessor pode vir acompanhada de um relatório, ou até de um pequeno resumo com os pontos principais. Um procedimento médico pode vir acompanhado de uma cartilha explicativa sobre o significado das sensações que o paciente vai experimentar, os cuidados que deve ter e até uma explicação simplificada do que vai acontecer ou aconteceu com ele.

Por mais que, para o profissional, esses objetos possam ser considerados desnecessários, eles fornecem algo físico ao cliente em que ele pode se apoiar.

Uma área que podemos usar como exemplo é a de programas de computador. Tradicionalmente comprados fisicamente na forma de CDs de instalação, com a popularização da banda larga muitos programas passaram a poder ser adquiridos e instalados diretamente pela internet.

À primeira vista poderíamos imaginar que esse seria o fim da venda de programas em lojas. Os custos mais baixos para o produtor, que não precisa produzir os pacotes em forma física, e a praticidade para o comprador deveriam ter levado esse mercado para a venda direta pela internet.

As empresas rapidamente descobriram, no entanto, que os clientes gostam de ter algo físico para comprar. Note que as próprias embalagens onde vêm esses programas não consistem apenas em uma caixinha de CD. Pelo contrário, são muitas vezes maiores que o disco em si, e contêm uma ampla documentação, informações e até imagens do programa.

Um programa de computador é algo bastante abstrato. Você compra uma sequência de comandos que, rodados em sua máquina, formarão aquele processador de textos, programa de gestão ou jogo que você tanto deseja. Talvez por isso as empresas que trabalham com esse tipo de produto estejam entre as primeiras a aprender o valor de fornecer algo "real" para os clientes levarem e guardarem, uma "prova concreta" de toda essa abstração.

Da mesma maneira, procure oferecer algo "concreto" às pessoas que passam por sua prática. De um lembrete dos próximos passos e agendamentos a folhetos explicativos e até embalagens simbolizando seus serviços ou etapas completadas (quem disse que um relatório deve ser entregue apenas com uma capa? Você não consegue encontrar uma embalagem melhor?), o que você pode fazer para tornar a experiência um pouco mais real?

Administrando a experiência de seu serviço

Imagine a seguinte cena:

Joana está com a filha doente. Após telefonar para o pediatra, coloca-a no carro e vai até sua clínica. Pouco importa se essa é a hora em que as pessoas saem do trabalho e o consultório fica longe, o importante é o bem-estar da criança. Ainda assim, em meio ao engarrafamento, Joana imagina o que levaria alguém a colocar uma clínica pediátrica em um bairro comercial longe de onde as pessoas moram. Uma fina chuva começa a bater no para-brisa. "Tomara que tenha vaga na frente." Pensa Joana, quase em tom de oração. Chegando lá, ela descobre que está com pouca sorte. Após duas voltas no quarteirão ela desiste e vai uma quadra adiante, aonde há um estacionamento.

Ela coloca o capuz na criança, equilibra-a em um braço e segura sua sombrinha com o outro. Tentando proteger a criança do frio, Joana espera na esquina com a filha no colo até o sinal abrir, chega ao consultório e ainda arranja um jeito de tocar a campainha. Após mais algum tempo alguém finalmente abre a porta. Joana chega à sala de espera na qual diversas mães aguardam com seus filhos. Apesar de ter sido informada que

CONHECENDO SEU NEGÓCIO: CARACTERÍSTICAS DOS SERVIÇOS **67**

conseguiria ser "encaixada" rapidamente, Joana percebe que não será tão fácil. Ela ficará um bom tempo por lá.

Quando pergunto a prestadores de serviços profissionais o que eles vendem, costumo receber respostas em torno de coisas como tratamentos, procedimentos e resultados.

A resposta parece bastante simples. Profissionais de saúde vendem consultas, diagnósticos e procedimentos. Consultores e advogados vendem pareceres, e assim por diante. Profissionais geralmente se veem como vendedores daquilo para o que são treinados a fazer.[2]

O resultado são histórias como a contada anteriormente.

Na verdade, as pessoas que atendemos compram coisas bem diferentes do que apenas o processo técnico.

Sem meios completamente objetivos para julgar um serviço como fazemos com um produto, não nos apoiamos em resultados, mas em nossa experiência total enquanto recebemos o serviço.

Pense em uma viagem aérea que você fez. O resultado esperado era apenas sair de um lugar e chegar a outro. Se as pessoas se importassem apenas com o resultado final, deveriam julgar sua viagem apenas pelo fato de terem, ou não, chegado aonde queriam.

Como passageiro, no entanto, você sabe que não é bem assim. O voo atrasou? O aeroporto estava lotado? Você conseguiu despachar sua bagagem com rapidez ou enfrentou uma longa fila? Os atendentes da empresa foram rápidos e corteses? O avião estava limpo e bem conservado? Estava lotado? Como foi o serviço de bordo? Como passageiro, você sabe que até o trânsito enfrentado no caminho do aeroporto pode afetar sua escolha de empresa, horários, e até se deve viajar ou não.

Nossa vivência como passageiros e clientes de outras empresas é uma boa dica para o modo como entendemos nossas experiências.

Colocar-nos no lugar daqueles que atendemos parece simples, mas pode nos trazer grandes melhorias quando levamos a ideia a sério. Certo dia, em uma visita ao shopping, tive que entrar em

---

[2] Na verdade, percebi que alguns grupos profissionais são mais resistentes que outros quando falamos de "venda". Muitos, ligados à área de saúde como psicologia e odontologia, não gostam de se ver como vendendo algo, enquanto em outras áreas a venda é vista como mais natural. Apesar dessa resistência, se você está no mercado, você está vendendo algo. O melhor que podemos fazer é lidar com a situação de frente, e não tentar ignorá-la, sob o perigo de nos darmos mal no final.

uma grande loja de rede de varejo para comprar um presente. Após apanhar o item, fiquei em uma longa fila com o produto na mão esperando para pagar. Embora houvesse meia dúzia de espaços para atendimento, havia apenas três funcionários atrás do balcão – dois deles ocupados com outras coisas enquanto somente um atendia às pessoas na fila.

Enquanto esperava, lembrei que alguns dias atrás tinha lido o balanço e o relatório gerencial dessa empresa. Nele, a empresa mostrava uma diminuição em seus ganhos e lucros. A forte competitividade e a economia, na visão de alguns analistas, eram os culpados por essas perdas.

E lá estava eu, um cliente em potencial, com um produto na mão e dinheiro no bolso, apenas esperando para pagar. Enquanto a empresa reclamava de seus problemas, seus clientes estavam esperando há cerca de 15 minutos para comprar e pagar por seus produtos.

No instante em que escrevo este livro, essa e outras empresas continuam com problemas. Os analistas continuam a falar dos números, e eu continuo achando que o problema não tem nada a ver com números. Não preciso nem dizer que nunca mais coloquei o pé ali.

O primeiro passo para melhorar a experiência de seus clientes é se colocar no lugar deles.

A análise pode começar até antes da escolha. Como um cliente em potencial fica sabendo de você e seu serviço? Com quais informações ele costuma chegar até você, indicado por quem? Quais são as ideias e noções prévias que ele tem sobre você? Como decidiu se o seu serviço seria o mais indicado para ele? Levantou várias informações sobre diferentes profissionais ou confiou na indicação de um conhecido? Perguntas como essas, feitas na primeira vez que presta um atendimento a alguém, ajudam a ter uma ideia da impressão que você está passando para o mercado.

Depois de feita a escolha, como a pessoa procede? É fácil encontrar você e agendar um atendimento? Seus clientes se concentram em uma região geográfica específica? Você está perto deles? Seu local é prático, ou seja, é fácil chegar a você? Há estacionamento? Como a pessoa é recebida? Quanto tempo ela espera? Onde ela espera? Como é feito o primeiro contato com o profissional? Há algum contato posterior? Como é feito o acerto e a cobrança? A negociação se dá antes, durante ou depois do serviço

CONHECENDO SEU NEGÓCIO: CARACTERÍSTICAS DOS SERVIÇOS **69**

feito? É feito um contrato? Seu cliente fica ciente do que poderá esperar? Essas perguntas são um pouco mais especulativas, mas você deve tentar respondê-las. Algumas poderão se direcionar diretamente às pessoas que atende. Outras exigirão um pouco mais de observação e conhecimento de sua parte sobre seus próprios clientes, seus problemas e suas expectativas.

Se você quiser ir a fundo nessas questões, talvez seja uma boa ideia montar um questionário pós-atendimento. Nele, você pode perguntar como foi a experiência de receber seus serviços.

O ideal é que esse questionamento não seja feito ou entregue pelo profissional em questão, mas por outro atendente. Para aumentar a qualidade das respostas, resista à tentação de pedir para as pessoas se identificarem – tendemos a ser mais sinceros em pesquisas anônimas.

Muitas práticas bem-intencionadas montam esse tipo de questionário, mas perdem o foco. Tome cuidado para as perguntas não servirem apenas para massagear seu ego. Questões como: "Quão satisfeito você está em trabalhar conosco? A) Muito Feliz B) Feliz C) Mais ou menos", não terão muita utilidade. Se você está perguntando, abra espaço para críticas, problemas, ideias e sugestões. Você ficará surpreso com as coisas que podem surgir.

Ao fazer questões de múltipla escolha, trabalhe sempre com números ímpares. Três opções geralmente estão de bom tamanho e mais que cinco costumam ser um exagero. Com o tempo você vai descobrir as questões mais importantes para a melhoria de sua prática, mas procure sempre manter o tempo de resposta curto. Ninguém gosta de responder longos questionários.

Você pode estabelecer a entrega de formulários logo após o atendimento, ou até por meio de ligações telefônicas um tempo após a experiência. Estabelecer um processo para isso não é tão custoso ou trabalhoso quanto parece, e as informações a serem ganhas podem ser extremamente valiosas.

Outra maneira de melhorar a experiência que você oferece é olhar para outros setores: Onde há boas ideias? Quais delas podem ser imitadas e adaptadas por você? De restaurantes e hotéis a sites de internet, mantenha um olho no modo como os clientes são tratados, como se lida com seus problemas, nas coisas que são oferecidas e no jeito como as pessoas reagem. Coisas que já são feitas por outras pessoas em outras áreas podem se tornar parte da experiência que você oferece em sua prática.

Sugestões para sua pesquisa com clientes

Veja algumas sugestões de perguntas a se fazer aos clientes:

- *Pesquisas de satisfação*
  Tem por objetivo saber como as pessoas se sentem em relação a seus serviços.
  - O cliente está satisfeito com cada atividade recebida/realizada?
  - Houve algum problema, imprevisto ou expectativa não atendida?

- *Sugestões*
  Não fique somente tentando adivinhar, pergunte o que as pessoas esperam de você e o que pode ser feito para melhorar.
  - O que se espera de um serviço como o nosso?
  - O que poderíamos fazer para melhorar?

- *Serviços correlatos*
  Você sabe quem mais seus clientes procuram quando precisam de serviços profissionais? Conhecer os outros profissionais que seus clientes buscam o fará descobrir as preferências e necessidades de seu público por meio do comportamento dele. Você saberá, por exemplo, se seu cliente se importa com a região geográfica, prestígio, preço e diversas outras características que os profissionais que busca podem ter em comum. Também aprenderá sobre as prioridades deles e se há mais áreas em que possa atendê-los. Essas informações ainda podem ampliar o conhecimento que você possui do mercado em geral e de sua posição nele.
  - Quais serviços usa na área que não são atendidas pela empresa?
  - Quem é seu fornecedor de preferência para "X"? (Quais outros especialistas as pessoas procuram em sua área? Ex. Se você é advogado tributário, quem seus clientes procuram quando tem problemas trabalhistas?)

Seja do modo que você escolher, o importante é nunca tirar os olhos daquelas pessoas que vivemos para servir. Lembre-se de todas as experiências ruins que você teve e trabalhe todo dia para que seus próprios clientes não corram o risco de terem lembranças negativas de você.

Conquistando e vendendo confiança

Por que aceitamos a opinião de um profissional? Por que entregamos nossa saúde, finanças, problemas, bem-estar e mais uma infinidade de coisas que influem diretamente em nossas vidas às análises e decisões de outra pessoa?

A resposta simples é que precisamos de profissionais. Não podemos aprender tudo, então precisamos que alguns se especializem em algumas coisas, outros em outras.

CONHECENDO SEU NEGÓCIO: CARACTERÍSTICAS DOS SERVIÇOS **71**

Mas, como vimos neste livro, não é apenas uma questão de conhecimento.

Aceitamos a opinião de profissionais porque confiamos neles. A confiança é o bem mais importante em uma relação de serviço profissional. Se você confia em seu médico, é capaz de deitar em uma maca sabendo que ele abrirá sua barriga. Por outro lado, se não confia em seu último cabeleireiro, não deixará ele encostar em um único fio de seu cabelo. A mesma pessoa que vai tranquilamente para a mesa de operações foge da última manicure por ela ter tirado um pedaço de pele.

O que é, afinal, confiança? A melhor definição para "confiar", no dicionário Michaelis, diz "entregar com segurança".

E é exatamente isso que as pessoas que você atende fazem com você. Quando se veem às voltas com demandas que não possuem competência, habilidade ou tempo para lidar, procuram prestadores de serviços com os quais essas demandas estejam seguras.

Como na maioria das vezes as pessoas não possuem modos de julgar, testar e avaliar serviços profissionais, a confiança adquire um papel central na relação. Como muitos serviços tratam de áreas delicadas como saúde, bem-estar, segurança e vida profissional, o papel da confiança é aumentado muitas vezes em relação a um serviço de outra área. Como vimos na introdução desse capítulo, uma coisa é se irritar com o sinal de seu celular, outra é ir parar na cadeia.

Não é por acaso que quando me perguntam qual o fator mais importante na prática profissional, a resposta está na ponta da língua: enquanto seus clientes confiarem em você, passarão o inferno ao seu lado. Por outro lado, quebre essa confiança, e uma relação de anos pode ir rapidamente por água abaixo, sem chance de recuperação.

Como provedor de serviços profissionais, você deve fazer tudo a seu alcance para que as pessoas sintam-se seguras com você. Para isso, é preciso entender como seus clientes podem estar se sentindo.

Um passo em direção ao desconhecido

O primeiro ponto a considerar é que a grande maioria das pessoas não tem a mínima ideia do que está acontecendo. Eles não possuem experiência nem conhecimento suficiente sobre a situação. Em muitos serviços ainda lidam com o fato de que partes particulares de suas vidas e de seus corpos serão expostos a outras pessoas. Não bastasse a falta de conhecimento, a própria perspectiva de invasão de privacidade basta para deixar muita gente nervosa em procurar um serviço profissional.

A maioria de seus clientes e pacientes está dando um passo em direção ao desconhecido. A maioria está insegura, sem informações suficientes, está preocupada imaginando o pior cenário possível. Muitas vezes está com medo e se sentindo invadida e ameaçada. Mais especificamente, seu cliente pode estar:[3]

- *Inseguro*: seu cliente não tem certeza de nada e não dispõem de conhecimento suficiente para escolher. Na área de serviços para empresas, o cliente contratante pode colocar seu emprego e reputação em risco se fizer uma má escolha.
- *Ameaçado*: seu cliente sabe que precisa de seu serviço, mas não se sente confortável emocionalmente. Não é agradável colocar seu corpo, problemas e intimidade nas mãos de outras pessoas.
- *Grandes riscos pessoais*: seu cliente está abrindo mão do controle sobre sua situação e entregando-o a você.
- *Impaciente*: seu cliente pode estar preocupado. Lembre-se de que ele não liga para você somente para incomodar. Ele pode ter pensado várias vezes antes de fazer isso.
- *Preocupado*: só por precisar de ajuda de um profissional, seu cliente pode pensar que fez ou está fazendo algo errado.
- *Exposto*: dependendo do caso, segredos serão revelados. Seu cliente pode sentir que uma parte de sua vida está sendo violada.
- *Ignorante*: seu cliente pode não estar entendendo o que está acontecendo.
- *Cético*: Como seu cliente pode saber se algo é realmente necessário ou vai funcionar?
- *Apreensivo*: seu cliente vê a agenda e a sala de espera lotadas, e se pergunta se o profissional vai ter tempo de dar a devida atenção ao seu caso específico.

O profissional que se preocupa com a experiência que seus clientes têm em sua prática precisa encarar essas questões de frente, tomando medidas para conquistar e garantir a confiança daqueles que atende.

---

[3] Essa lista é adaptada livremente de Maister, D. H.; Green, C. H.; Galford, R. M. *The Trusted Advisor*.

CONHECENDO SEU NEGÓCIO: CARACTERÍSTICAS DOS SERVIÇOS **73**

Você deve procurar **reforçar** a escolha do cliente. Lembre-se de que muitos estão inseguros com sua escolha de profissional, outros ainda não sabem se fizeram certo ao procurá-lo nessa situação específica enquanto outros se perguntam se não estariam melhores nas mãos de outro profissional, se deveriam esperar mais para tomar suas decisões ou deixar sua situação se resolver por si só.

Seu primeiro papel é garantir às pessoas que o procuram de que fizeram uma boa escolha. Vender confiança quer dizer que você sempre deve mostrar que seu cliente fez bem em lhe procurar, que sua decisão foi acertada e que você saberá lidar com ele da maneira que ele espera.

Felizmente, isso pode ser feito de modo simples. Apenas um "você fez bem em me procurar" após ouvir a primeira explicação do cliente é um bom passo nesse caminho. Todas as dúvidas devem ser recebidas com frases que reassegurem essa escolha. Não ofereça apenas sua opinião, análise ou diagnóstico. Antes, valide novamente a escolha de seu cliente. Se oportuno, ofereça exemplos de casos em que isso não foi feito, gerando problemas e confusões.

Perceba que, como muitas outras situações neste livro, garantir a confiança das pessoas que vêm até você não exige grandes gastos ou mudanças. Uma mudança de postura e uma ou outra palavra bem colocada podem fazer maravilhas pelo serviço que você oferece em sua prática.

O segundo passo é tentar envolver o cliente no processo. Em atividades profissionais é comum o cliente se sentir alienado. Um de seus papéis é fazer o cliente se sentir parte do processo que está acontecendo com ele, não apenas objeto de sua atividade.

O melhor modo de fazer isso é oferecer opções para o cliente escolher o que será feito. É claro que isso nem sempre pode ser feito, e não podemos sempre oferecer os prós e os contras técnicos de cada passo. Caso seja impossível você envolver as pessoas nas escolhas, questões retóricas podem cumprir esse papel. Frases como, "Agora vamos fazer tal coisa, tudo bem?", dão confiança e fazem a pessoa se sentir envolvida no que está sendo feito.

Isso nos leva ao próximo passo: ajudar nossos clientes a entender o que está sendo feito e por quê. Você deve se certificar de que o cliente tenha uma boa ideia do que está acontecendo com ele. É comum profissionais apresentarem apenas suas conclusões. Isso também ajuda a alienar o seu cliente. Esclareça os motivos pelo quais determinadas coisas estão sendo feitas.

74 EMPREENDEDORES ESQUECIDOS

Estabeleça os próximos passos. O cliente deve ter uma boa ideia do que vai acontecer assim que seu encontro com ele acabar. Se for um tratamento, ele deve ter uma ideia da ação esperada e do que esperar como resultado. Uma consultoria deve informar quais serão as próximas reuniões, ações e análises. Serviços que exigirão retorno do cliente devem passar essa perspectiva, e assim por diante.

Depois, você pode ajudar o cliente a usar os seus resultados da melhor maneira, e agir com base no que lhe ofereceu. Mostre o que ele pode fazer para manter os resultados alcançados, ou até para conseguir resultados cada vez melhores. Uma coisa é encarar seu serviço apenas como um procedimento ou tratamento, outra é oferecer uma perspectiva de continuidade e melhoria.

Certifique-se sempre de que seu cliente possui seus números de telefone e maneiras de contatá-lo. Não delegue isso a um assistente, e mostre sua preocupação no sentido de que o cliente poderá encontrá-lo facilmente. Passar isso a um assistente ou deixar que seu cliente se vire para encontrá-lo mostra certo descaso.

Por último, não deixe a relação acabar ali. Ligue com os resultados, passando novas indicações e sugestões de novos agendamentos.

Apesar de presente na grande maioria das relações profissionais, poucos são os profissionais que tentam ativamente administrar a confiança entre eles e aqueles que atende. É uma pena, pois deixar de fazê-lo é arriscar perder seu ativo mais precioso – a segurança que os clientes têm em você.

Administrando expectativas

O que os seus clientes esperam de você? Quando vêm até você, eles sabem o que acontecerá, em quanto tempo e quanto custará? Eles têm ideia do que pode sair errado, e de como o sucesso se parece?

Um ponto de conflito bastante comum são as expectativas que uma parte tem com a outra em uma relação. Essas expectativas devem ser descritas já no início de uma relação, ou ao menos tentando prever e lidar com conflitos e problemas em potencial. Não deixar as expectativas claras pode resultar em grandes frustrações, mesmo quando os dois lados acham que estão fazendo tudo corretamente. É como o casal que discute no fim de semana, pois um quer ir ao shopping e o outro ao jogo de futebol. Ambos se ressentem do

CONHECENDO SEU NEGÓCIO: CARACTERÍSTICAS DOS SERVIÇOS

outro não querer passar o tempo junto, mas nenhum especificou de antemão que domingo é dia de shopping, ou do jogo de futebol. Grande parte da gestão de relacionamentos envolve administrar as expectativas que uma parte tem com a outra.

No caso de serviços profissionais, isso envolve esclarecer ao cliente o que ele deve esperar. Como vimos, toda a experiência de receber um serviço profissional envolve um alto grau de incerteza. Não queremos tornar a coisa ainda mais complicada pegando os outros de surpresa.

De preferência, no início de toda relação você deve deixar claro aos clientes o que devem esperar de você. As coisas que fará e que não fará. Como você irá agir para resolver as questões que eles apresentarem, como lidará com imprevistos. Também deve deixar claro para o cliente o que ele deve esperar do processo, em quanto tempo e quanto isso lhe custará.

Quando falo de expectativas, muitos pensam que é melhor que os clientes esperem somente o melhor de seu profissional, mas não é bem assim.

Vamos a um problema comum em academias de ginástica e outros serviços de estética. Um fenômeno bastante comum é a chegada de clientes com metas bastante irreais. Alguém com uma vida totalmente sedentária esperando entrar em forma em dois ou três meses, por exemplo.

Grande parte do papel desses profissionais é redirecionar as expectativas dessas pessoas. É preciso dar uma visão mais realista ao cliente. Talvez seja possível convencê-lo de que, nesse período, ele vai sim sentir uma melhora em sua condição física, mas não vai desenvolver o tão sonhado "tanquinho" na barriga. Com expectativas menores, o cliente pode se concentrar nos pequenos ganhos de curto prazo, o que pode lhe dar motivação para continuar o serviço.

Quando isso não acontece, naturalmente o cliente se sentirá decepcionado e acabará desistindo da atividade. O profissional pode ter feito tudo que deveria do ponto de vista técnico, mas falhou em mostrar ao cliente o que realisticamente deveria esperar.

Em boa parte das vezes, a calibragem se dá nessa direção. Clientes que chegam com expectativas exageradas vão ter problemas. É comum escutar de profissionais histórias de clientes ingratos, ou que exigiram demais pelo que estavam pagando ou contratando. Em boa parrte das vezes, essas histórias são reflexo da falta de comunicação clara sobre o que os clientes devem esperar.

76 EMPREENDEDORES ESQUECIDOS

Vamos à reclamação mais comum: a do cliente que liga continuamente e exige tudo feito às pressas. Muitos clientes não têm a menor ideia de quanto tempo você precisa para realizar um serviço. Com o objetivo de tranquilizar nossos clientes, podemos falar que a questão é simples e será rapidamente resolvida. Assim, se o cliente começa a perceber uma demora, começa a ficar preocupado: Se era simples, por que está demorando tanto? Será que você descobriu algum novo problema? Será que ele deu a você todas as informações ou é melhor ligar para esclarecer melhor alguns pontos? Daí vem a ansiedade e os contatos frequentes com seus profissionais contratados.

Em outros casos, o cliente não sabe sequer o que esperar de um serviço. Muitos clientes "passageiros de primeira viagem" nunca passaram pelo processo que seu serviço vai submetê-lo. Eles não têm ideia do que, exatamente, devem esperar. Essa é uma ocorrência muito comum no campo de consultoria: os clientes esperam que seus consultores resolvam os problemas para eles, e os consultores querem apenas "consultar" e dizer ao cliente qual o melhor caminho para resolver esse problema. Frustração e ressentimento acabam aparecendo. Em muitos procedimentos de saúde isso também é comum. O que, exatamente, deve um cliente esperar após uma intervenção? Como ele irá se sentir? No que sua situação será melhor do que é hoje? Em relação aos outros, como ele deve esperar se sentir após a intervenção: melhor, na média ou "menos pior", mas ainda assim em situação pior que a população em geral?

Uma boa dose de franqueza é necessária para acertar as expectativas de clientes e fornecedores de serviços. Em geral, você deve deixar claro quais são os passos que tomará como profissional, quanto tempo isso levará, quais os riscos que tentará evitar e quais resultados você está buscando atingir. Também deve passar uma boa ideia dos custos, não só financeiros, mas de tempo e comprometimento por parte do cliente. Por último, deve deixar claro ao cliente o que você espera dele, quando ele deve entrar em contato com você e o que ele deve esperar do serviço. Lembre-se: é comum acharmos que ao minimizar dificuldades, dores e problemas estamos poupando nossos clientes, mas na verdade estamos correndo o risco de criar expectativas irreais. Se dissermos que um procedimento é "fácil", seremos os culpados quando as coisas não forem bem assim. Ser realista logo de início aumenta a confiança que seu cliente tem em você.

Um último ponto a tratar é a realização de contratos entre o prestador do serviço e aquele que o recebe. Em muitas áreas, a apresentação de contratos ainda é vista com certo receio por parte dos profissionais. O contrato é visto como algo autoritário, para ser usado em caso de desentendimentos e processos judiciais. Essa visão não poderia estar mais errada.

A principal função de um bom contrato é exatamente evitar esses desentendimentos e processos. Um contrato calibra as expectativas que uma parte tem com a outra, e serve de documento para garantir que a execução saia conforme combinado. Um bom contrato garante que as partes sejam tratadas de maneira equivalente, e que um não possa se impor sobre o outro.

Seu contrato não precisa ser extensamente redigido. Deve apenas cobrir as expectativas que seu cliente tem com você e que você tem com seu cliente.

Muitos profissionais se sentem desconfortáveis com tal ajuste de expectativas. Um problema muito comum, por exemplo, aos profissionais de psicologia, é o abandono por parte de seus clientes durante um tratamento. Muitos resolvem parar de ir, muitas vezes deixando saldos pendentes. Em várias atividades não só a desistência, mas a falta e os atrasos de clientes costumam causar problemas de agenda e obrigatoriedade de reposições. Acordos escritos acertando um número estipulado de sessões, as regras para atrasos, faltas e desistências podem evitar muita dor de cabeça para o profissional, e para o cliente que saberá de antemão quais as regras do processo em que ele está entrando.

Note que as cláusulas não precisam ser totalitárias, punindo atrasos, desistências e faltas com cobranças financeiras. Essas coisas acontecem, e o cliente tem direito a certa flexibilidade. Por outro lado, limites devem ser estabelecidos. Se atrasar, o tempo será descontado do cliente ou diminuído de seu atendimento? Com quanto tempo de antecedência um cliente deve cancelar um horário antes de ser cobrado por ele? Quais os procedimentos de desistência? O cliente paga adiantado ou após o processo? Se pagar adiantado, receberá alguma vantagem de pagamento? Se ficar de pagar depois, qual será o seu saldo pendente?

As formas e condições de pagamento também devem ser bem estabelecidas e tratadas com naturalidade pelo profissional. O cliente deve ter claro quais as opções disponíveis a ele, e, consequentemente, quais restrições podem se aplicar.

LAPIDANDO A EXPERIÊNCIA TOTAL DE SERVIÇO

A partir do momento que você administra as pistas que as pessoas usam para avaliar o serviço que você presta, oferece algo real para elas terem algo concreto em que se apoiar, administra a experiência de seu serviço, se volta ativamente para conquistar e vender confiança e assumir um papel ativo nas expectativas do relacionamento, você está no caminho para oferecer uma experiência total de serviço realmente especial.

Para unir os cinco passos descritos anteriormente em uma experiência profissional, é útil pensar em sua prática em termos de história como a de Joana, que abriu este capítulo. Você consegue contar uma história de como é, em média, a experiência de seu cliente?

Digamos que um pediatra, por meio de autoanálise, observações, conversas e diagnósticos, chegue à conclusão de que seus clientes se sentem como a Joana da história. Que fazer para melhorar? Talvez procurar um consultório mais próximo de seus pacientes, e não em um bairro comercial onde é mais prático para ele. Talvez procurar um local com estacionamento. Talvez instruir as assistentes a não serem prestativas demais, e darem uma noção real do tempo e condições de espera. Cada mudança dessas poderia alterar algo na história da Joana. E de passo em passo o médico teria pacientes mais felizes.

Possuir uma ou mais histórias sobre a experiência típica que as pessoas têm com você ajudará, com o tempo, a lapidar a experiência total de seu serviço. Idealmente, a história começa na primeira vez que alguém ouve falar de você, e termina com seu último telefonema de acompanhamento após o processo finalizado. Levantar os pontos de contato, as áreas de conflitos ou problemas, as questões típicas que um cliente leigo apresenta e outros acontecimentos típicos o ajudarão a formatar um processo cada vez melhor para a sua prática.

Note que em nenhum momento falamos de preço, qualidade ou de atividades voltadas apenas para mercados de alta ou baixa renda. Independente do mercado e da área de atuação, o objetivo de administrar a experiência total de serviço que você oferece é transformar sua prática profissional em algo memorável e confiável para seus clientes. Como a maioria das ideias neste livro, essa melhoria envolve pouco mais que uma atenção contínua e o estabelecimento de alguns procedimentos.

A partir do momento que você decidir trabalhar mais ativamente na experiência que você oferece, descobrirá que há outras opções, questões e práticas que podem fazer parte da experiência total oferecida por você. Quanto mais esses esforços se somarem, mais satisfação seus clientes terão em lidar com você, e mais tranquilidade você terá para lidar com eles.

ESCOLHENDO SEUS CLIENTES

Uma consequência direta de formatar uma experiência para o cliente que você busca atender é que nem todos se enquadrarão nesse perfil.

E aqui entra um fator de extrema importância da administração da prática profissional. A prática bem administrada não é apenas aquela mais escolhida por clientes em potencial. Assim como seus clientes a escolhem, a prática bem administrada sabe escolher seus clientes.

Isso quer dizer que, de vez em quando, você dirá às pessoas que elas serão mais bem atendidas em outro lugar. Há três motivos principais para isso acontecer: 1) sua agenda está lotada com seus clientes atuais; 2) sua área de especialidade é diferente da requisitada pelo cliente; 3) O cliente é chato e você realmente não aguenta mais lidar com ele.

Se sua agenda está lotada com os clientes que você já possui, ótimo, não há problema aí e indicar clientes em potencial a outras direções acontece naturalmente. Os outros dois casos costumam gerar algumas dúvidas na mente de muitos profissionais.

A noção de que devemos atender da melhor maneira todos aqueles que entram por nossa porta significa para muita gente que nos desdobraremos conforme for necessário para resolver os problemas deles. Nem sempre isso é válido. Normalmente os clientes nos procurarem com demandas que até poderíamos atender, mas podem acabar nos custando caro demais. Lembre-se de que o seu tempo e o do cliente são preciosos e, portanto, gastar tempo demais em situações que você tem pouca intimidade pode ser um erro. Melhor passar para alguém que tenha mais experiência com o assunto e se concentrar naquilo que faz melhor.

Isso não quer dizer que você deva virar um especialista extremo, dispensando tudo aquilo que não se restrinja a uma linha estreita. Você pode ter outros interesses e querer expandir e testar novas linhas de atividade. Mas se fizer isso, faça porque escolheu, não porque resolveu atender um cliente por que não queria deixá-lo passar. Custos, estresse, desgastes e perdas de tempo podem ser evitados a partir do momento que você resolve começar a dispensar aqueles clientes que sabe que não valerá a pena atender. Além de poder se dedicar às áreas onde realmente você se destaca, seus colegas ficarão felizes com a indicação e podem lhe retribuir o favor.

O terceiro item é mais complicado. Você não precisa adorar todas as pessoas para as quais você trabalha ou trabalham para você. Além disso, muitos comitês de ética julgariam mal um profissional que se recusasse a prestar um serviço àquelas pessoas de quem não gosta.

Mas há casos e casos. Quase todos os profissionais com alguns anos de experiência possuem histórias de clientes que foram "longe demais". Entrando em contato em horas inconvenientes, buscando consultas e repetições gratuitas em excesso, ocupando o tempo do profissional com trivialidades, dificultando o pagamento e assim por diante.

Clientes assim costumam gerar custos desnecessários à prática profissional. O tempo, custos diretos e indiretos, além da irritação causada a sua equipe podem não fazer valer os honorários recebidos.

Nesse caso, não há mal algum em indicar essas pessoas a profissionais que cuidariam melhor de seus interesses.

Como saber se chegou a hora de mandar um cliente passear? O professor da Stanford University, Robert I. Sutton, respeitado acadêmico, escreveu um livro inteiro cuja tradução literal é "a regra de nenhum cuzão".[4] Ou seja, a classe de pessoas referidas no título, aquelas que nos cansam, tiram proveito da gente, procuram nos passar para trás e todas as outras que fazem coisas condizentes com o adjetivo, causam problemas demais. Esse tipo de pessoa não apenas pode estragar seu dia e piorar o clima de uma empresa, mas também pode trazer danos financeiros bem palpáveis.

---

[4] Descobri, há algum tempo, que boas referências nos permitem escrever basicamente o que quisermos. Aproveito para agradecer ao professor Sutton pela oportunidade de escrever "cuzão" em um livro.

CONHECENDO SEU NEGÓCIO: CARACTERÍSTICAS DOS SERVIÇOS   81

O melhor nesse caso é tirar essas pessoas de sua presença, e focar sua atenção nos clientes que você realmente pode atender da melhor maneira possível. Lembre-se de que você não precisa ser tudo para todos, muito menos agradar a todos. Não é um concurso de popularidade, mas uma prática profissional. É seu dever como profissional escolher quais clientes pode atender melhor, e quais devem ser mandados para outro lugar.

CAPÍTULO **4**

Administrando valor

VAMOS VOLTAR AO nosso já famoso caso da loja de pão de queijo. Você vai ao mercado e compra polvilho, queijo, leite, ovos, sal e óleo, leva tudo para sua loja, mistura tudo, leva ao forno e ao final tem belíssimos pães de queijo.

Vamos dizer que para cada pãozinho, o custo dos ingredientes é algo como R$0,50. Depois de misturados, esses ingredientes formam um produto que você coloca à venda por R$1,50.

O que aconteceu? Você pega um monte de coisas que juntas somam uma quantia, e de alguma maneira passam a valer três vezes mais que isso. O queijo, polvilho, leite, ovos, sal e óleo continuam lá. O que justifica esse aumento de preço?

A resposta é o valor que você adicionou com seu processo. Não são os ingredientes básicos que, de repente, passam a valer R$1 a mais. O processo que você aplicou transforma os ingredientes em algo diferente. E é esse processo que vale um real.

O dono da loja do pão de queijo usa seu conhecimento para transformar um monte de coisas em seu produto. O prestador de serviços profissionais faz o mesmo.

Essa transformação é o motor básico das economias. Ao pegar uma situação, realizar um processo e gerar algo mais valioso do que havia antes dizemos que uma entidade econômica está criando valor.

Toda empresa existe para criar valor. Todo empregado também. A hora em que uma entidade econômica para de criar valor ela começa a ter problemas. O funcionário ineficiente pode ser despedido. A empresa que não consegue criar valor acabará quebrada.

A receita da vovó, o processo que o dono da loja de pão de queijos usa para criar seu valor é o equivalente aos conhecimentos e habilidades profissionais. Seja qual for sua área, você encontra uma situação, realiza um processo e entrega algo de valor às pessoas que atende.

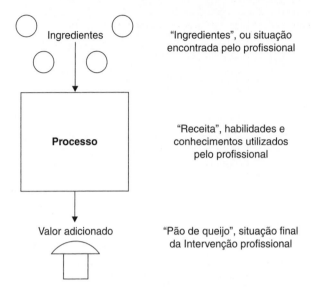

Todas as atividades em sua prática profissional devem ser voltadas à criação de valor. Tudo que você faz deve criar valor de alguma maneira para as pessoas que você atende. Atividades que não trazem nenhum valor ou o destroem devem ser modificadas ou eliminadas.

Guiar-se pela criação de valor é um bom modo de decidir o que fazer. Será que você adiciona um novo serviço? Coloca uma televisão na sala de espera? Monta um serviço de atendimento pela internet? Essas coisas criam valor para seus clientes? Se sim, a resposta é bastante clara.

A ótica do valor também ajudará a identificar problemas e eliminar atividades supérfluas. Seus clientes estão esperando demais por você? Uma televisão na sala de espera realmente traz algum benefício ou é só barulho para estressar um pouco as pessoas enquanto elas esperam? Você não criaria mais valor ao se organizar para atender os clientes na hora combinada? Seu site está criando valor ou é só um custo adicional?

Para começarmos a aumentar o valor de nossa prática, precisamos mapear nossas atividades. Ainda bem que já fizemos isso quando montamos nossa planilha de atividades no Capítulo 2. Pegue sua lista e marque ao lado de cada atividade aquelas que trazem valor ao seu cliente, as que você acha que não trazem nem destroem, e aquelas que você acha que estão somente desperdiçando recursos. Você também pode criar uma planilha sob a perspectiva do cliente:

84 EMPREENDEDORES ESQUECIDOS

Atividade	Quando ocorre	Responsável	Valor
Agendamento de consulta	Quando a necessidade aparece	Secretária	Cria
Envio de mensagem lembrando o compromisso	24 horas antes do atendimento	Secretária	Cria
Ida ao local	Antes da consulta	Cliente	– Cria-se em local de fácil acesso – Neutro em locais que não criem dificuldades – Destrói em lugares muito distantes, áreas de tráfego pesado e sem estacionamento.
Chegada à clínica	Antes da consulta	Secretária	Cria
Espera	Antes da consulta	Organização da prática profissional	– Neutro até 10 minutos – Destrói acima de 10 minutos
Encaminhamento ao atendimento	Consulta	Secretária	Cria
Atendimento	Consulta	Profissional	Cria
Pagamento e saída	Após a consulta	Secretária	Cria
Telefonema de acompanhamento	1 semana após	Profissional	Cria

Do ponto de vista do profissional, a planilha pode ficar da seguinte forma:

Atividade	Quando ocorre	Responsável	Valor
Recebimento do cliente	Início da consulta	Profissional	Cria
Contato e questionamento inicial	Consulta	Profissional	– Cria – Se informações pudessem ser recebidas com antecedência e não foram requisitadas, pode destruir valor se isso fizer o cliente perder tempo ou obrigá-lo a retornar

Atividade	Quando ocorre	Responsável	Valor
Atendimento	Consulta	Profissional	Cria
Diagnóstico, estabelecimento de soluções e metas	Consulta	Profissional, dependendo da atividade em conjunto com cliente	Cria
Telefonema de acompanhamento	Após a consulta	Profissional	– Cria – Se o profissional fica de retornar com resultados e demora muito, ou esquece, pode destruir valor
Agendamento de novas consultas	Após a consulta	Secretária	Cria

A partir desse simples exemplo, o profissional pode começar a pensar em passos e atividades que aumentem o valor de sua prática enquanto minimizam a ocorrência dos que podem destruí-lo.

Ao começar a mapear suas atividades, você verá que elas podem começar a formar grupos específicos. Assim, você pode começar a enxergar suas atividades como pré-atendimento (indicações, agendamentos, ida ao local e recebimento), atendimento (procedimentos realizados pelo profissional), atividades de apoio (exames, acesso a outros profissionais, sistemas de informações e ferramental disponível), estrutura (local, ambiente, atendimento telefônico e on-line, facilidades como estacionamento) e pós-atendimento (novos agendamentos, entrega de resultados e entrega de material no local do cliente). Dentro de cada uma, pode montar um novo quadro de tudo que é feito ali.

Além de ajudar a mapear e melhorar sua proposta de valor, isso também ajudará a visualizar sua própria posição no mercado. O ideal é que todas as atividades sejam ao menos equivalentes ao que seus colegas e concorrentes oferecem.

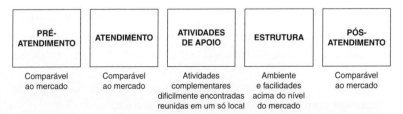

Ao fazer sua análise, a prática do exemplo anterior chegou à conclusão que poderia criar valor igualando suas atividades às da concorrência, enquanto criava uma estrutura e atividades de apoio superiores ao que os clientes encontram, em média, com outras práticas profissionais. Assim, a prática busca criar mais valor que seus adversários na construção de um ambiente confortável e prático, no qual os clientes podem ter seus problemas resolvidos de maneira mais prática e rápida do que se procurassem um concorrente.

Ninguém pode ser bom em tudo. Por isso, desista da ideia de exceder a concorrência em todos os quesitos. É normal, em uma primeira análise, encontrar vários pontos coincidentes com o mercado, alguns abaixo e alguns acima. Cabe a você escolher em quais investirá para tornar sua prática superior em algo. Não há problema em possuir pontos abaixo do mercado em algumas áreas, desde que seus pontos mais fortes sejam realmente fortes, e compatíveis com o que seus clientes esperam receber de sua prática.

Assim, não existe um método do que é melhor ou pior desenvolver ou não. Cabe a cada prática identificar os pontos em que ela pode se destacar e aqueles que seus clientes ou clientes em potencial valorizariam. E também identificar aqueles que não estão criando ou não criariam o devido valor.

Note que a maneira como você divide suas atividades em categorias não é tão importante. O que importa é que você consiga perceber e administrar o valor que entrega em sua prática específica. As atividades realizadas mudam de uma área para outra, ou até entre diferentes práticas de uma mesma área. O objetivo da análise não é ficar criando categorias, mas sim chegar a um quadro mais claro de onde você cria, e destrói, valor para as pessoas que atende.

A EQUAÇÃO DO VALOR

> **Valor percebido = benefícios − custo**

Como saber quanto valor estamos criando? Em última análise, não importa quanto valor achamos que estamos criando, mas o quanto as pessoas que atendemos enxergam de valor em nossa prática.

A equação do valor percebido pode nos ajudar na tarefa de identificar como o cliente valoriza nossa prática.

ADMINISTRANDO VALOR **87**

Basicamente, o valor percebido pelo cliente consiste no benefício que ele recebe menos os custos com que necessita arcar em troca.

Os benefícios são tudo aquilo de positivo que o cliente vê na prática profissional. Os benefícios mais comuns são a resolução de problemas, segurança e validação por ter acesso ao atendimento e opinião de um profissional, relação contínua e confiança. Muitos outros fatores podem influenciar nos benefícios percebidos, como: proximidade da prática com o cliente, facilidade para marcar horários, facilidades de comunicação, contrato e pagamento, conforto, hábito e até o relacionamento pessoal desenvolvido ao longo do tempo entram nos benefícios percebidos pelos clientes de uma prática.

Do outro lado estão os custos. A primeira coisa que vem em mente quando falamos nos custos para o cliente é o preço que ele está pagando pelos serviços. Realmente, o preço em si é um fator relevante, mas não o único.

De fato, um erro comum de muitos profissionais é pensar nos custos para os clientes como consistindo apenas em quanto eles estão pagando diretamente pelo serviço. Na verdade, se sua proposta de valor estiver benfeita, muitos ficarão felizes em aumentar o valor financeiro pago ao final. Ao diminuir outros custos arcados por seus clientes, e adicionar alguns benefícios, você descobrirá que até aqueles mais sensíveis ao preço não se importarão tanto assim com o que estão pagando quanto você pensa.

O primeiro custo a ser somado ao valor financeiro é o tempo. Cada hora que as pessoas passam se deslocando, esperando ou lidando com sua prática é uma hora reduzida de outra coisa que poderiam estar fazendo; nos referimos a isso como "custo de oportunidade", ou seja, enquanto está esperando, essa pessoas poderia fazer outra coisa. O custo de não poder perseguir outras oportunidades é somado diretamente ao valor financeiro. Se toda vez que tiver que lidar com você essa pessoa for obrigada a se deslocar e esperar para finalmente ser atendida, ela pode começar a se perguntar se seu serviço vale mesmo o preço de tantas horas perdidas.

Apesar de muitos profissionais focarem no preço de suas propostas, muitos poucos pensam em quanto realmente estão custando aos seus clientes. A conta que seus clientes fazem é uma soma direta: quanto dinheiro sai da minha carteira, somado a quanto tempo estou gastando com esse profissional, tempo que não posso usar para ganhar dinheiro e engordar de novo a mesma carteira.

88 EMPREENDEDORES ESQUECIDOS

O débito é duplo, e encontrar meios de diminuir a conta de tempo gasta por seus clientes pode valer muito. É possível você receber informações e fazer um "trabalho de casa" antes de encontrar o cliente pessoalmente? Algo pode ser feito longe da presença dele? Ele precisa se encontrar novamente de tempos em tempos com você?

Uma reclamação comum de clientes de práticas que dependem de atendimento continuado, como um tratamento dentário, é o tempo gasto com excessivos deslocamentos. Será que, como profissional, você não consegue pensar em algo para diminuir esse desconforto de seus clientes? Da mesma maneira, quantos clientes recém-contratantes de uma academia descobrem que, infelizmente, não poderão seguir o plano e ir todo dia fazer exercícios? Sua prática se preocupa em acomodar a escassez de tempo de seus clientes?

Outro custo extremamente importante e ainda menos reconhecido que o tempo é o aprendizado mútuo de uma relação profissional. Um advogado que já conheça os acionistas, problemas e estruturas de uma empresa; um médico de família que conhece seus pacientes, seus pais e irmãos há muito tempo; ou um assessor financeiro que conhece os hábitos, medos e sonhos de seus clientes. Em muitas práticas há um ganho de desempenho significativo quanto mais o profissional conhece seus clientes.

O provedor de serviços que acaba de ser contratado por um cliente precisa começar do zero. Muitas vezes, o cliente precisará treiná-lo em seus gostos, preferências, problemas individuais e particularidades. Em muitas áreas, um grande volume de informações precisa ser aprendido desde o início. Analistas de empresa, consultores, contadores e outros profissionais precisarão despender horas familiarizando-se com seus novos atendimentos. Isso sem contar as particularidades de cada linha profissional. É diferente ser atendido por um médico que lhe pede para descrever seu histórico de saúde, ou que o lê em uma ficha, ou por outro que conhece seu histórico porque estava lá com você.

O cliente também pode precisar de tempo para aprender com o profissional. O que o profissional pode e não pode fazer por ele? O profissional avisará ao menor sinal de discordância ou problema? Qual a postura de comportamento do profissional? O que o cliente pode esperar dessa relação? Quais as particularidades que ele precisará contar ao profissional? Até onde pode confiar? Que informações precisarão ser fornecidas para o profissional poder fazer um bom trabalho?

ADMINISTRANDO VALOR **89**

Quanto mais alguém aprende sobre um profissional, e mais ele permite que o profissional aprenda sobre ele, mais envolvido ele estará na relação. Antes de escolher outro profissional, o custo desse aprendizado todo também será pesado.

Por isso, é importante que o profissional demonstre exatamente o quanto conhece cada vez mais de seu cliente. Se as pessoas que você atende sentirem que você está aprendendo cada vez mais sobre elas e suas situações, se elas souberem que seu desempenho como profissional está cada vez melhor por causa disso, e se muitas das soluções podem ser cada vez mais individualizadas, mais valor seu cliente irá atribuir a esse aprendizado.

Note que o aprendizado é algo que muitas vezes ocorre naturalmente, mas como em outras situações, foge da percepção de seus clientes. Quanto mais você aprende sobre um cliente, provavelmente melhor poderá atendê-lo. Mas é importante deixá-lo saber disso. É preciso mostra o custo do aprendizado que já foi arcado pelo cliente para chegar àquele ponto da relação. Custo que agora renderá melhores resultados.

Você deve ter uma boa ideia do que custa aos clientes quando resolvem procurar seus serviços. Eles perderão tempo precioso e não planejado? Precisarão passar por todo o processo de aprendizagem novamente? Só depois de responder a essas questões pode-se calcular se o preço que você pede em troca de seus serviços vale a pena ser pago.

Voltando à equação da percepção de valor, há duas maneiras de aumentar o valor que seus clientes veem em seu serviço. O primeiro é aumentar os benefícios e o segundo é reduzir os custos. Quanto mais benefícios você oferecer de um lado, e quanto mais reduzir os custos desse atendimento do outro lado, mais seu cliente valorizará ter suas necessidades atendidas por você.

Custos

O diabo está nos detalhes.

Nenhuma organização consegue ter sucesso por um grande período sem ter uma bela ideia da participação de cada pequena ação em seu custo total.

Deixe-me explicar melhor: enquanto sua prática está crescendo e você está sendo cada vez mais bem sucedido, é até possível que você ganhe dinheiro e sinta o gosto do sucesso sem ter um bom controle de custos. Mais cedo ou mais tarde, no entanto, essa falha acaba cobrando sua parte. Para alguns acontece quando atingem certo tamanho, outros durante períodos de estagnação, aumento de competitividade ou até mudanças na direção da economia. Se grandes empresas dirigidas por administradores profissionais quebram por um controle de custos inadequado, quem somos nós para dizer que o assunto não nos importa?

Atualmente, com notícias sobre o mercado financeiro se tornando cada vez mais comuns na mídia, o aumento de preços de imóveis e a explosão de guias e esquemas para chegar a grandes fortunas, falar em controle de custos parece um tanto fora de moda.

Até o fim da Idade Média e o início do Renascimento, os alquimistas passavam a vida tentando transformar chumbo em ouro. A ideia de transformar metais sem valor no mais precioso dos metais atraiu muita gente, provavelmente até homens do calibre de Isaac Newton, autor da lei da gravidade, foram atraídos pela promessa.

Da mesma maneira, hoje em dia parece que muitos profissionais foram mordidos pelo mesmo animal. Esqueça os custos e esqueça quanto você ganha. Se for possível ganhar fortunas no mercado, o que isso importa?

Importa que a única constatação sólida sobre a pedra filosofal, o objeto que faria a tão sonhada transformação em ouro, veio de Benjamim Franklin:

"Se você sabe como gastar menos do que você ganha, você tem a pedra filosofal."

Esqueça os gênios do investimento: pessoas que administram bem seus custos chegam à aposentadoria com um nível de conforto e segurança maior que os outros. Investidores que realizam poucas transações, mantendo assim seus custos baixos, se saem significativamente melhor que investidores que fazem mais transações no mercado, pagando mais taxas por elas. Empresas com boas estruturas de custos tendem a se sair melhor no mercado, e vencer quedas de braço competitivas com suas concorrentes.

Do ponto de vista da prática profissional, quanto menores os custos, mais valor restará para ser repartido pelo profissional e seus clientes. Economizar R$1 ou 1 minuto por hora pode significar mais benefícios percebidos pelo cliente, mais dinheiro no bolso do profissional ou um pouco dos dois.

O jeito mais direto e prático é continuar fazendo listas. Pegue todas as atividades feitas em sua prática e estabeleça quanto custa para ela ser feita. Sim, pode ser chato, mas nada melhor que uma longa e detalhada lista para lhe mostrar onde você está errando. Você pode descobrir, por exemplo, que ligar 24 horas antes de cada atendimento para seus clientes, lembrando-os do fato, está saindo muito caro, já que a maioria deles prefere que o contato seja feito via telefone celular. Será que substituir as ligações por mensagens de texto não sai mais barato?

Uma prática que traz grandes benefícios é a realização de pequenas experiências: se em um mês (ou em semanas alternadas) você optar por telefonemas e no próximo por mensagens, pode colocar na ponta do lápis não só quanto isso lhe custou, mas os benefícios que a atividade trouxe para a sua prática. O número de atrasos e faltas pode ser comparado de um período para outro. Assim, você pode acabar decidindo por telefonar para seus clientes mesmo a um custo mais alto, pois no seu caso isso diminui as faltas e atrasos de modo a fazer o preço das ligações valer a pena. Outro profissional pode não ver diferença, e assim optar pela opção mais barata.

Por isso, além dos custos, é útil manter controle dos benefícios e valor que cada atividade traz para a prática profissional. Assim evitamos um dos erros mais comuns na área empresarial, ou seja, achar que estamos fazendo bem ao cortar custos enquanto, ao mesmo tempo, diminuímos o valor de nossa oferta. Para usar o conhecimento popular, é preciso ter cuidado para não jogar fora o bebê junto com a água do banho.

Volte às listas que criamos sobre a criação de valor em sua prática. Para cada atividade, você consegue identificar seus custos? O ideal é que consiga. Se seu assistente passa uma hora por dia respondendo a e-mails, quanto isso custa a sua prática? Basta dividir os gastos totais de mantê-lo trabalhando para você[1] pela hora útil de serviço.

Assim também fica fácil decidir o que deve e não deve ser feito, e quais atividades devem ser mantidas ou descontinuadas, por exemplo: O valor criado é maior que seu custo? Ótimo. O custo da realização de algo pode ser reduzido sem alterar significativamente o valor? Melhor ainda. Alguma atividade custa mais para você do que o valor que ela entrega ao cliente? Há meios de melhorar

---

[1] Você pode colocar somente o salário, mas é bom incluir os custos trabalhistas e benefícios para saber realmente quanto cada assistente custa a sua prática.

92 EMPREENDEDORES ESQUECIDOS

essa proporção? Se não houver, eis uma boa candidata para ser substituída ou eliminada.

Back office, front office

Ao administrar seus custos, você verá que há um limite em quanto pode cortar. A partir do momento que você lida com os desperdícios, não haverá muito mais a se fazer além de ficar de olho para que eles não subam novamente.

Também não é uma ideia muito boa mexer no ferramental e na estrutura imprescindíveis para a prática funcionar direito. Logicamente, vez por outra é útil dar uma checada em outros fornecedores, prestadores de serviços e locais para fazer suas compras. Deve-se tomar cuidado, no entanto, para não começar a trocar preço por qualidade. Qualquer economia que prejudique a oferta de seus serviços provavelmente é uma economia que não vale a pena fazer.

A solução para um bom controle de custos novamente está no modo como a prática é organizada. Para isso, vamos separar de novo suas atividades. Dessa vez falaremos de atividades *front office* e *back office*. A tradução para esses termos seria algo como atividades de frente e de trás do balcão.

Como o nome diz, as atividades de frente são aquelas realizadas na frente do cliente. As atividades de trás do balcão são aquelas que podem ser desempenhadas sem ter o cliente por perto.

Um serviço é tradicionalmente produzido no momento do consumo. Produtos físicos geralmente são produzidos em uma fábrica distante do consumidor, transportados, estocados e depois vendidos. O especialista em produção fica longe e sequer tem contato com os consumidores finais. Na área de serviços isso não ocorre. Você vai ao dentista, e esse profissional "produz" sua atividade ali mesmo, na sua presença. Seria impossível fazer diferente.

Até serviços que exigem estruturas e investimentos mais pesados, como hotéis e centros cirúrgicos, só produzem realmente algo quando seus clientes chegam. Um hotel é só um apanhado de quartos vazios até alguém chegar e alugar um deles por uma noite. Se passar a noite vazio, esse quarto não pode ser estocado e vendido depois. O consumo e a produção de um serviço ocorrem simultaneamente.

Assim, a grande maioria das atividades profissionais era feita na presença e sob os olhos do cliente. Afinal, o que pode ser feito de diferente?

ADMINISTRANDO VALOR   **93**

Com o tempo, percebeu-se que algumas atividades não precisam ser realmente realizadas na presença dos clientes. Como não contam com ganhos de escala, produção, estoque e outros fatores em que é possível administrar custos na indústria, grande parte do ganho a ser realizado no gerenciamento de custos está em identificar e organizar essas atividades.

Basicamente, a questão está em identificar tudo que deve ser feito pelo profissional na presença do cliente, e tudo que pode ser mandado para a parte de trás da atividade.

Se vou ao dentista e, enquanto ele me examina, precisa dos resultados de um exame que estão arquivados, poderá então pedir à assistente que o procure, ou interromper o atendimento e ir pegá-lo. Digamos que ele levante e vá até seus arquivos, procure e encontre o que quer e depois volte para me atender. Em uma consulta de 40 minutos, se ele levou 4 minutos fazendo isso desperdiçou 10% do tempo. Em uma consulta de 1 hora, uma interrupção de 3 minutos ainda custa 5%.

Pode parecer exagero falar em três ou quatro minutos. Perceba, no entanto, que isso é puro desperdício. O cliente está ali disponível e provavelmente pagando pela consulta, e o profissional também dispõem de certo tempo alocado para concluir suas atividades. Esses três ou quatro minutos a mais farão parte da conta mental que o cliente faz ao calcular o custo total do serviço, e serão deduzidos diretamente do valor percebido.

Digamos que isso acontece 3 ou 4 vezes por dia. Para manter as coisas, no mínimo, com 3 interrupções de 3 minutos para apanhar exames por dia, em 1 semana de 5 dias o profissional está desperdiçando 45 minutos de seu tempo. Exatas 39 horas em um ano de 52 semanas jogadas fora por falta de organização. Deduza as férias e outros períodos sem atividade e, ainda assim, teremos pelo menos um dia jogado fora no ano, apenas procurando e apanhando exames.

O problema não é a ação em si. Não estou dizendo que todo seu dia e sua vida devem ser pensados freneticamente para economizar minutos. Mas veja que essa atividade foi feita sob os olhos do cliente. É o tipo de atividade que poderia ser passada para a parte de trás da atividade. Ao encaminhar o cliente ao atendimento, a assistente poderia logo em seguida apanhar e deixar ao alcance do profissional todas as informações necessárias. Ao trocar de clientes, a assistente troca de pasta. Vinte e quatro horas economizadas em um ano, fácil assim.

Separar as atividades em *front office* e *back office* significa identificar tudo aquilo que pode ser feito antes, durante ou após o contato com o cliente. É separar o desempenho em si dos materiais, informações e estrutura necessários para esse desempenho.

A organização também pode trazer outros ganhos. Atividades que antes eram feitas lenta e separadamente podem ser otimizadas para serem resolvidas de uma só vez pelos profissionais, sua equipe de apoio ou até pelo próprio sistema. Assim, ao passar atividades da frente para trás de suas operações, podemos chegar a um atendimento mais rápido, eficaz e talvez até mais barato a nossos clientes.

Preços

Toda essa conversa sobre valor percebido pelo cliente nos leva naturalmente a outra questão: Quanto, afinal, você deve cobrar pelos seus serviços?

Como vimos, preço não é o valor que o cliente atribui ao serviço. Olhe novamente a equação do valor percebido: O preço é somado a todos os custos que alguém arca para tê-lo como profissional. Os benefícios que você oferece em sua prática, menos esses custos, serão o valor que o cliente atribuirá a você.

O preço é o momento em que o cliente divide parte desse valor com você. Tudo que fazemos em nossas práticas profissionais, das horas de estudo à melhoria contínua, do estabelecimento de um serviço cada vez melhor, da busca de maneiras de atender melhor à redução contínua de custos, se resume em um ponto quando chegamos a um valor, ou seja, o preço que cobramos por tudo isso.

Enquanto os benefícios percebidos pelo cliente são maiores que os custos, ele provavelmente continuará procurando seus serviços. Isso também vale para seu preço. Enquanto o cliente achar que o valor recebido for superior ao preço pago, você pode ficar seguro de que está oferecendo uma boa proposta.

Ainda assim, o estabelecimento de preços é objeto de inúmeras confusões e mudanças de decisões por parte dos mais diversos profissionais.

Em primeiro lugar, vamos falar no modo como você precifica sua oferta. Tradicionalmente, os serviços profissionais são precificados pela hora de trabalho dos profissionais envolvidos. Muitos pensam em um "preço justo" a cobrar por uma hora de atividade.

ADMINISTRANDO VALOR **95**

O modo mais comum é calcular quanto custa por mês para manter uma prática e somar a isso uma remuneração que o profissional considera "justa" para seu atendimento e categoria profissional. Esse valor é então dividido pelo número usual de atendimentos realizados em um mês e o problema resolvido. Ou será que não?

Volte ao parágrafo anterior. Falei em quanto custa ao profissional para manter sua prática. Falei em quanto ele acha justo ganhar. Falei em quantos atendimentos ele julga que fará em um mês. Não há algo estranho nesse processo?

Acabamos de passar várias páginas discutindo a criação de valor para o cliente. O modo como ele percebe e julga os benefícios e custos que sua atividade traz para ele. De fato, é o cliente, e não o profissional, a razão da existência de uma prática profissional.

Ao formar um preço "justo", a grande maioria dos profissionais se esquece justamente daqueles de quem sua própria existência depende.

Esse é um erro bastante comum. As origens remontam a um problema enfrentado pela Igreja Católica ainda na Idade Média: Como lidar com a ideia de que ganância e lucros são pecado e ainda assim garantir a seus seguidores (na época, profissionais e artesãos) que eles não irão para o inferno por tentar ganhar a vida aqui na Terra? A solução foi o lucro justo, algo que permitiria às pessoas ganhar a vida sem abusar demais das pessoas às quais atende. Depois, Karl Marx juntou essa ideia à de alguns economistas e disse que o valor de algo está no trabalho necessário para fazê-lo. Carros custam mais que maçãs, pois são necessárias muito mais horas de trabalho humano para produzir carros (e todos materiais e tecnologias que os compõem) do que para produzir maçãs.

Ao estabelecer "preços justos" para suas horas de trabalho, milhões de profissionais, sem saber, foram influenciados pelas ideias da Igreja Católica e do pai do Comunismo.

Qual é o problema, você pode pensar, não? Não são boas ideias?

Para chegar à solução, podemos lembrar uma história contada sobre Pablo Picasso. Um belo dia, uma rica senhora chega ao estúdio do grande mestre da pintura demandando ter seu retrato pintado por ele. Picasso aceita, pede para ela posar e com alguns movimentos de pincel faz rapidamente uma pintura. Ele vira-se então para sua cliente e diz seu preço. "Tudo isso por alguns momentos de trabalho? Com esse dinheiro posso pedir para 10 estudantes de arte passarem meses pintando minha imagem", ao que o mestre respondeu: "Mas você quer desenhos de estudantes ou uma obra de Picasso?"[2]

O ponto não é que você deve enfiar a faca e cobrar preços exorbitantes de seus clientes. A lição é mais sutil: nem todas as horas são criadas da mesma maneira.

Se o que você quer é uma obra de arte, o que lhe importa quanto tempo o artista levou para fazê-la? Você descartaria uma obra de um dos maiores artistas de todos os tempos e optaria por outra, de um estudante comum, apenas porque a primeira levaria menos tempo para ficar pronta? Os grandes profissionais em suas áreas, afinal, não são aqueles que conseguem realizar mais e melhor que os outros?

Mudando de perspectiva, por que você deve querer pagar pela incompetência de um profissional que leva meses fazendo algo que outro pode fazer em algumas horas? Qual dos dois valerá mais para você? Não é, afinal, pelos resultados e benefícios que você julgará se o investimento valeu a pena?

Se um profissional é descuidado com seus custos, quem disse que são os seus clientes que devem pagar por isso? Se um profissional é desorganizado, é justo colocar um preço maior em seus serviços pelo tempo que ele passa realizando-o? Um profissional de alto nível que consegue entregar um melhor desempenho em menos tempo que seus colegas deve ser penalizado por isso?

Voltemos ao conceito do "preço justo". Justo para quem, exatamente? O profissional calcula o próprio custo, decide quanto merece ganhar e impõe um preço aos seus clientes. Quem disse que é o profissional que decide, ou não, o que é justo ele ganhar? Afinal, por mais que tenha encontrado muitas pessoas defendendo o "preço justo", nunca encontrei um profissional sincero o suficiente para me dizer: "Quer saber? Acho que não sou tão competente quanto meus colegas. é justo cobrar menos por isso."

O problema com o preço justo é que pegamos todos os problemas e desejos de um profissional e passamos ao cliente como se ele fosse obrigado a lidar com a falta de competência, organização, estrutura ou até a vontade do profissional em ter um bom nível de vida, comprar uma televisão nova ou passar as férias no Caribe.

---

[2] Essa história é contada de diferentes maneiras, mas não encontrei nenhuma confirmação de o caso realmente ter acontecido.

ADMINISTRANDO VALOR **97**

Por mais que pareça que estou exagerando, o problema em estabelecer o preço dessa maneira é exatamente esse: estamos nos guiando por fatores internos à prática profissional.

Deve ser ao contrário. Quem decide quanto vale um serviço profissional é o cliente. Logo, o preço do serviço também deve ser estipulado com base nele.

Quanto vale, afinal, o seu serviço para aqueles que você atende?

Na verdade, ao tentar responder essa questão, muitas práticas se afastaram da ideia de cobrar por horas de serviço. Quem disse que não é possível cobrar mensalidades para serviços profissionais? Alguns escritórios fazem contratos de atendimento contínuo com seus clientes, normalmente especificando os tipos de atendimento cobertos pela mensalidade. A vantagem para os clientes é que, assim, podem ter os assessores a seu alcance sem que olhem o relógio e descontem o tempo toda vez que se tire dúvidas pelo telefone. Os assessores podem acompanhar o desenvolvimento de seus clientes, além de estabelecer um fluxo de recursos mais previsível para suas práticas. Depois de estabelecido um preço, o negócio costuma ser vantajoso para os dois lados.

Outro modo de criar valor com seu preço é oferecer pacotes fechados por objetivos específicos. Primeiro você especifica tudo que o cliente quer que seja feito. Em *back office*, estimamos o valor que pode ser gerado para o cliente, e em seguida o preço a ser cobrado. Com clientes com os quais mantemos um bom relacionamento, a definição de quanto vale o serviço e o preço a ser cobrado pode até ser compartilhada. Como estão interessados no valor que você pode lhes apresentar, muitos clientes não se importam em falar quanto podem pagar pelo serviço.

Desse modo, você pode montar propostas e serviços individualizados para os casos de cada cliente. Quem disse que os procedimentos que você realiza, do mais simples ao mais complexo, devem ter o mesmo preço? Se algo vale muito para um cliente e você pode realizar, ele ficará feliz em pagar seu preço. Se algo vale pouco para um cliente e lhe dará um trabalhão para fazer talvez cheguem à conclusão que é melhor ele procurar outro profissional para esse caso.

Cobrar com base em um serviço contínuo ou por objetivos específicos exige alguma experiência, mas traz grandes vantagens. As atividades de consultoria empresarial são um bom exemplo, já que, tradicionalmente, precificam suas ofertas pelo número de horas. Cobram o tempo que seus consultores passam com os clientes, o tempo que passam levantando e processando informações, discutindo e até escrevendo relatórios finais. Não por acaso, toda a indústria recebeu várias críticas por trazer grandes contas e poucos resultados a seus clientes. A cobrança voltada a resultados ou a processos específicos separa as atividades realizadas pela empresa do valor que realmente é entregue aos clientes.

As atividades realizadas pela prática pouco importam para o cliente. Ninguém se importa se você gasta uma ou três horas para preparar um relatório, mas sim se seu conteúdo vale a pena ser lido. A eficiência de seus processos diz respeito às práticas profissionais, e deve ser tratada como um fator interno. O preço é um fator externo. Se você não consegue realizar suas atividades ao preço que as pessoas achem que sua prática realmente vale, é hora de mudar para melhor, ou pensar em mudar de ramo.

Apesar de ser preferível buscar outro meio de precificar nossas atividades, que não seja a cobrança de horas, nem sempre isso é possível. Assim, o que você sempre deve ter em mente é que o preço de sua atividade depende de seu cliente. Procure nunca confundir seus custos de realizar algo – os fatores internos de sua prática, do valor a ser cobrado de seu cliente.

Se está insatisfeito com esse preço, lembre-se de que você sempre tem duas opções: diminuir seus custos ou aumentar os benefícios de sua prática. De qualquer maneira, não é justo culpar os clientes por não pagarem o que achamos que valemos. Muito provavelmente, nessas situações, nós, e não eles, estamos errados e temos que nos ajustar.

CAPÍTULO **5**

Realizando mudanças

A esse ponto, espero que você já tenha várias ideias para administrar melhor sua prática. Se há uma coisa que podemos aprender com os montes de livros sobre administração que se empilham nas livrarias, no entanto, é que nem sempre isso é suficiente.

As melhores intenções do mundo não bastam. Pense em todas as resoluções de ano novo, promessas, intenções e projetos não acabados que deixamos pela vida. É preciso ligar nossas intenções de mudança a ações no mundo real.

Mudar é difícil, mas ao contrário do que muitos dizem, isso não acontece porque as pessoas são "resistentes à mudança", não gostam de mudar, lutam pelo *status quo* e outras coisas que ouvimos por aí.[1] Estou para encontrar alguém que, frente a uma maneira melhor de trabalhar, continue resistindo às inovações só por se recusar a evoluir.

Se é assim, por que tantas tentativas dão errado?

Primeiro, é preciso criar medidas concretas e fáceis de observar. Vamos dizer que após ler este livro você resolva melhorar o atendimento que seus funcionários prestam aos clientes. Ótimo, mas o que isso realmente significa? Você reunirá seu pessoal, passará um tempo falando sobre a importância de tratar bem os clientes e pronto? Instruirá todo mundo a sorrir, criando um efeito parecido com aquele que encontramos na lanchonete de fast-food quando somos recebidos com sorrisos mais que forçados? Como, afinal, medir "melhor atendimento"? Se você mandar seus funcionários sorrirem, afinal, como medirá seu resultado, em sorrisos?

---

[1] Existe toda uma classe de "gurus" especialistas em ensinar as pessoas a vencer essa tal resistência à mudança. Na verdade não é que as pessoas não gostem de mudar, e sim que não possuem meios objetivos de apoio durante a mudança. Falo mais sobre gurus e outras pragas no livro *O mito da criatividade*. Também aproveito para prometer parar de recomendar meus próprios livros.

100 EMPREENDEDORES ESQUECIDOS

Para melhorar o atendimento, você pode pensar que talvez seja uma boa ideia melhorar o ambiente de trabalho em sua prática. Ao valorizar um pouco mais seus funcionários, tratá-los de maneira um pouco diferente e até fazer algumas concessões, talvez os efeitos comecem a ser sentidos. Você pode fazer uma pesquisa de satisfação, receber alguns elogios por sua equipe, ou observar diretamente o efeito de seus esforços em seus clientes.

Veja que fomos de dados concretos – a pesquisa de satisfação, ao mais abstrato – sua percepção da satisfação dos clientes. Você sempre deve se esforçar para conseguir as medidas mais concretas possíveis. No caso de isso não ser possível, você deve pelo menos saber o que quer.

Uma coisa é querer um "atendimento melhor", outra é observar uma diminuição na irritação de seus clientes. Ao começar uma mudança, você deve ao menos ter uma boa ideia de onde quer chegar. É surpreendente o número de tentativas que falham pelo simples motivo de as pessoas não saberem, realmente, para onde vão. Se não sabem aonde vão, que importa o que estão fazendo para chegar lá?

O segundo passo é desmontar seus objetivos em etapas e passos menores. Grandes avanços não ocorrem de uma hora para outra. Eu sei que falar em pequenas mudanças e passos pode parecer pouco excitante em face da perspectiva de radicalizar sua prática da noite para o dia.

Na mídia, observamos com frequência empresas serem alardeadas por seus fantásticos processos de mudança. Com certeza você já ouviu falar de uma grande organização que, de uma hora para outra, resolveu mudar.[2]

No mundo real, no entanto, a história é outra. Quanto maior a mudança, maior o risco. Muitos dos casos que ouvimos sobre grandes mudanças que deram certo são apenas os sobreviventes de um processo que causou a ruína de muitos outros. Tecnicamente, muitos dos casos de arriscar tudo de uma vez podem ser considerados falta de habilidade ou até de responsabilidade. Considerando que uma grande mudança malfeita pode golpear significativamente uma organização, causando demissões ou até o fim de suas operações, não parece sensato arriscar tudo num impulso repentino.

---

[2] Convenhamos, quantas vezes acreditamos naquelas pessoas que nos dizem que resolveram mudar de uma só vez suas vidas?

Por isso, é preciso estabelecer etapas e passos menores. Seu processo de melhoria de atendimento, por exemplo, pode iniciar por uma melhora nas relações com seu próprio pessoal, seguido por uma reforma ou nova sede, seguido por algumas melhorias no atendimento em si, seguido pelo estabelecimento de metas a serem seguidas por todos os participantes da organização, seguido pela busca de novos serviços que somem à sua proposta, e assim por diante.

A vantagem de pequenas etapas e passos é que o processo se acumula. Quanto mais você avança, mais se afasta da concorrência e se aproxima de onde quer chegar. Em algum tempo, algum concorrente olhará para você e poderá se pegar perguntando o que você fez, afinal, para conseguir mudar tão rápido. Quando não vemos todo o processo, de fora a mudança pode parecer rápida e enorme, enquanto do lado de dentro é a soma de várias pequenas iniciativas.

Outra vantagem é que dessa maneira você sempre pode se arrepender. Se uma grande tentativa de mudança der errado, o processo todo vai por água baixo, levando seus preciosos recursos com ele.

Se um de seus passos der errado, no entanto, é sempre mais fácil voltar atrás. Sua ideia deu certo? Fique com ela. O último passo não saiu como você esperava? Volte atrás e continue andando.

Em terceiro lugar, ao falarmos de mudança, é preciso reconhecer que sempre há algum risco no processo. Toda atividade de mudança, você deve lembrar, é exploratória. Você precisa dar espaço para algumas coisas poderem sair erradas. Só assim poderá abrir espaço também para aquelas que podem dar certo, e fazer os erros valerem a pena.

Se você lida com outras pessoas em sua prática isso é extremamente importante. Se está pedindo mudanças, é isso que as pessoas farão. Você precisa estar pronto para tolerar, e até premiar falhas. Melhor alguém que erra tentando fazer algo dar certo que alguém que "acerta" sempre, repetindo um processo, que você sabe ser ruim, só porque é assim que as coisas sempre foram feitas.

Outro ponto de extrema importância ao lidar com outras pessoas é reconhecer, afinal, o que elas realmente temem em mudanças. Não é a alteração em si, mas o que as alterações significam para elas. As pessoas sabem que são avaliadas, medidas e recompensadas com base em certos parâmetros. Por isso, ao sinal de qualquer mudança, você deve ser claro sobre o que isso significa para cada um. Se alguém possui um emprego e vê que estão ocorrendo mudanças, ela precisa saber em que isso afetará a vida dela. Se ela vê sistemas serem alterados, é preciso dizer-lhe o que isso significa para a prática dela. Ao colocar suas novas ideias de atendimento ao cliente, por exemplo, haverá casos em que os funcionários serão recompensados ou punidos por seu desempenho nessa área? O que devem esperar mudar em seu dia a dia? Seja claro quanto a essas questões e você verá que grande parte da tal "resistência à mudança" acabará rapidamente.

É importante, portanto, deixar todo mundo ciente sobre quais são as regras do jogo. Se elas estão mudando, é preciso estabelecer quais são as novas regras, o motivo de elas mudarem e os passos para se chegar lá.

Uma ótima tática é criar um marco para o início das mudanças. Não precisa ser uma grande festa de lançamento (aliás, após esses eventos as coisas costumam voltar ao normal), mas um momento como o início de determinado período, ou até um acerto pessoal.

Para envolver mais as pessoas de sua prática, você pode distribuir contratos de mudança. Escreva um texto simples contendo os principais pontos de sua iniciativa, o que os sócios principais da prática farão e o que se espera de determinado funcionário a partir de então. Assine embaixo e entregue para seu funcionário fazer o mesmo. Isso não é um contrato para você processá-lo caso ele não faça nada, mas um "compromisso com a mudança e melhoria da prática" que deve ficar em posse dele, para que possa saber o que se espera dele.

Por último, a época de líderes ditadores está fora de moda. Qualquer processo de mudança pode e deve ser guiado pela liderança da prática, mas é preciso tomar cuidado para não virar uma grande imposição autoritária. Deve-se abrir espaço para que todos possam dar sua contribuição.

Isso está longe de ser simples demagogia. Voltando ao mesmo exemplo, se você quer melhorar o atendimento a seus clientes, as pessoas que entram em contato com os clientes antes e depois de você recebê-los podem lhe trazer críticas e ideias valiosas. Reconhecer o papel de cada um, e incentivá-lo a buscar melhorias em sua área, é parte de um processo de mudanças bem-sucedido.

Para ajudá-lo nesse processo todo, vamos usar um método baseado nas melhores práticas da área de estratégia empresarial.[3] Pegue quatro folhas e no topo de cada uma escreva:

---

[3] O método é de David Maister, mas lembra bastante o Balanced Scorecard, de Norton & Kaplan.

- Aumentar a satisfação do cliente.
- Melhorar a construção e disseminação de habilidades e técnicas.
- Aumentar a produtividade.
- Conseguir melhores negócios.

Em seguida, separe cada folha em cinco colunas e escreva no topo de cada uma delas:

- Ação proposta.
- O responsável por ela.
- O tempo gasto.
- Data limite.
- Como saberemos se conseguimos.

O resultado deve ficar assim:

Aumentar a satisfação do cliente				
Ação proposta	Responsável	Tempo investido	Data limite	Medida

Melhorar a construção e disseminação de habilidades e técnicas				
Ação proposta	Responsável	Tempo investido	Data limite	Medida

Aumentar a produtividade				
Ação proposta	Responsável	Tempo investido	Data limite	Medida

104 EMPREENDEDORES ESQUECIDOS

Conseguir melhores negócios				
Ação proposta	Responsável	Tempo investido	Data limite	Medida

Agora é fácil. Preencha os quadrinhos.

Por que esses quatro itens principais, você pode perguntar. Bem, dê uma boa olhada em cada um dos quatro. Se você conseguir alguns avanços em cada uma dessas áreas, que mais há para ser feito? Esses quatro pontos cobrem atividades de utilização e exploratórias de uma prática profissional e, portanto, são uma boa base de apoio. Você pode inventar suas próprias áreas, se preferir. O importante é que agora você possui um instrumento simples e eficaz para planejar, realizar e controlar mudanças em sua prática profissional.

Essas tabelas, apesar de parecerem simples, funcionam surpreendentemente bem. Para tirar proveito máximo delas, é bom lembrar alguns detalhes: em primeiro lugar, suas ações devem ser concretas, fáceis de observar e medir. Suas ações devem ser simples, diretas e fáceis de entender, coisas como "diminuir o intervalo entre atendimentos", "implantar um banco de dados sobre as necessidades e histórico de cada cliente" ou "aumentar o número de novos clientes por indicação".

Em segundo lugar, é importante preencher todas as colunas. É preciso saber quem é responsável pelo que, mesmo que seu nome apareça em todas as linhas dessa coluna. É preciso saber quanto tempo (em alguns casos você também pode colocar a verba em dinheiro) que a pessoa tem disponível, seu prazo e, finalmente, uma medida concreta sobre o resultado. De novo, se você quer clientes mais felizes, de nada adianta escrever "ter clientes mais felizes" na coluna de medidas. Você deve tentar transformar seus objetivos em ações e resultados concretos. No caso, desenvolvendo um pequeno banco de dados sobre as necessidades e características de cada cliente, você poderá atendê-los de uma maneira melhor e individualizada, provavelmente deixando-os mais satisfeitos com o serviço que você oferece. Montar um pequeno programa de aprimoramento, no qual seu próprio pessoal compartilha experiências e recebe novas informações também pode ser uma bela maneira de chegar a um melhor resultado.

E QUANDO VOCÊ NÃO SABE O QUE FAZER?

Este livro é destinado a ajudar você a dar uma boa chacoalhada em sua prática profissional. Ainda assim, muitas vezes estamos confusos, cansados, sem saber por onde começar ou apenas não queremos ficar planejando e imaginando tudo detalhadamente.

Na falta de ideias, segue uma lista de coisas que você pode fazer hoje para melhorar sua prática profissional:

Aumente os preços cobrados pelos seus serviços
- Aumente o valor do serviço por meio de especialização, inovação e satisfação do cliente.
- Use a divulgação, a mídia e outras atividades exploratórias para "pegar melhores serviços".
- Aumente a construção de conhecimento na equipe de sua prática profissional.
- Invista em novos serviços.

Diminua os custos
- Otimize o uso do tempo e envolvimento do(s) profissional(ais) principal(ais).
- Otimize o uso de outros profissionais na entrega de serviços.
- Aumente o uso de profissionais e fornecedores de apoio.
- Procure desenvolver metodologias que evitem esforços duplicados.

Conserte os pontos fracos
- Treine e ensine sua equipe para fazer aquilo que se espera deles.
- Lide com profissionais acima do padrão, quem não soma valor suficiente à sua prática é um peso grande demais para ser carregado.
- Deixe de oferecer serviços que não criam valor à sua prática.
- Informe a seus clientes problemáticos ou que não apreciam o valor de sua prática que você não é a pessoa mais indicada para lidar com eles (quando possível, procure indicá-los a outros profissionais especialistas em suas questões específicas, mais baratos ou que simplesmente tenham mais paciência).

Aumente o volume
- Aumente suas horas cobráveis.
- Estabeleça processos para otimizar o uso de seu tempo.

106 EMPREENDEDORES ESQUECIDOS

Diminua os custos da estrutura
- Melhore a velocidade de cobrança.
- Diminua o espaço físico de *back office* e custos de equipamentos individuais criando espaço compartilhado por mais de um profissional.
- Corte custos desnecessários com pessoal.

Abrace a mudança e a melhoria contínua
- Crie uma caixa de sugestões para cliente e funcionários.
- Abra-se às ideias de sua equipe e pessoal de apoio.
- Aceite as críticas. Ou melhor, incentive-as ativamente.
- Recompense tentativas de mudança não sucedidas. As pessoas devem ser julgadas pelos processos que utilizam, nem sempre pelos resultados que alcançam.

POR ÚLTIMO, CUIDADO COM OS ERROS A SEGUIR

Não é pessoal, são negócios

A atividade profissional está, invariavelmente, ligada à identidade pessoal. De fato, ao conhecer alguém, uma das primeiras informações que recebemos é o que a pessoa "faz".

Mesmo fora da esfera dos serviços profissionais, escutamos que fulano trabalha em tal empresa, ciclano em outra.

Como muitos de nós vemos o que fazemos não como um emprego, mas uma vocação, é normal que a identidade "do que fazemos" esteja profundamente entrelaçada com a de "quem somos".

E é bom que seja assim. Essa identidade é responsável por nos sentirmos motivados em nossas carreiras, que nos faz seguir em frente nos dias ruins e nos torna felizes por nossas escolhas quando a poeira abaixa.

No entanto, alguns limites devem ser respeitados. Do mesmo modo como, para ser um bom profissional, de vez em quando você precisa largar essa identidade e se transformar em administrador, algumas outras fronteiras devem existir.

A primeira, e mais importante, é a financeira. Muitos prestadores de serviços fazem o papel de negociante e cobrador diretamente com o cliente. Nisso, não é incomum que o profissional abra a carteira e coloque o pagamento recebido junto ao dinheiro que possui no bolso. Afinal, que mal há nisso? No fim, o dinheiro não vai para o mesmo lugar de qualquer jeito?

O problema é a falta de controle. Ao misturar seu dinheiro ao de sua prática, tudo fica mais confuso. É mais difícil, por exemplo, manter um balanço do que entra e do que sai em sua atividade profissional. Sem saber quanto se está efetivamente lucrando e gastando, como você pode analisar seus resultados e buscar melhorias?

Misturar sua verba pessoal com a da prática pessoal nunca é uma boa ideia. Até práticas de uma só pessoa devem manter contas em separado para a pessoa física e jurídica.

Isso sem falar no nosso velho sócio, o governo. O estado sempre aparecerá para cobrar sua parte. O primeiro passo para arranjar confusão com o leão é não saber onde começam e terminam as atividades da empresa e da pessoa que responde por ela. Sempre é uma boa ideia encontrar um bom contador que lhe instrua e ajude a lidar com o controle e recolhimento de impostos.

Além da questão financeira, é preciso se lembrar que você não é sua prática. Se um cliente opta por outro profissional, não é preciso ficar sem jeito ao encontrá-lo em outra ocasião. Apesar de nos tornarmos próximos de vários clientes e fornecedores, é preciso sempre ter em mente que durante um serviço somos profissionais, não importando o que ocorra em outra ocasião.

Também estabeleça uma maneira de lidar com "ajudas" a amigos e conhecidos. É comum recebermos pedidos de ajuda daqueles à nossa volta, e o melhor é estabelecer uma política para isso. Você pode optar por sempre cobrar o preço normal, oferecer um desconto padrão ou até uma facilidade de pagamento. Mas lembre-se do seguinte: Se todos os donos de bares dessem cerveja de graça a seus amigos não teríamos aonde ir à noite.

Esse tipo de confusão entre o profissional e a pessoa "real" pode ser fonte de grandes dores de cabeça e motivo para o fim de muitas relações pessoais e profissionais. O melhor jeito de lidar com isso é pensar de antemão como você lidará com esse tipo de cliente e demandas, e manter-se fiel a sua decisão.

Não delegar o suficiente

Muito profissionais que possuem sócios, equipes de apoio e outros profissionais a sua volta queixam-se de serem obrigados a carregar a maior parte da carga de uma prática profissional.

A reclamação mais frequente é a velha "se quer benfeito, faça você mesmo". Muitos profissionais justificam sua elevada carga de trabalho dizendo que se não fizerem determinadas atividades,

108 EMPREENDEDORES ESQUECIDOS

ninguém as fará. Ou ainda que se outros as fizerem, sairão malfeitas de qualquer maneira.

Apesar de culparem o mundo a sua volta, geralmente o maior culpado por essa situação é o próprio profissional.

Já vimos a importância de organizar as funções, o tempo e as atividades de cada pessoa envolvida em uma prática profissional. Se você precisa desempenhar algo porque alguém não está desempenhando ou não desempenharia direito, essa pessoa está desperdiçando o seu tempo e o dela.

A primeira vez que se deve pensar nisso é durante a contratação: Essa pessoa possui as habilidades para fazer o que se espera dela? Se não, ao menos possui a vontade e a capacidade de aprender?

Em seguida, é necessário direcionar os integrantes de uma prática. É surpreendente o número de pessoas que são contratadas e começam a trabalhar sem que sequer lhes seja dito o que se espera delas no trabalho. É de surpreender que muitos fracassem?

É sua responsabilidade deixar claro o que se espera de cada pessoa envolvida com a prática, dos profissionais seniores ao estagiário, passando pelos assistentes e funcionários de manutenção. Todos devem entender seu papel e como ele contribui para a prática atingir seus objetivos.

Funcionários muitas vezes precisam ser treinados. Isso inclui desde instruções básicas (como o telefone deve ser atendido e os procedimentos internos da empresa) até a atualização das técnicas empregadas pelos profissionais de sua equipe. Ofereça às pessoas a oportunidade de aprender a realizar suas tarefas melhor.

Se ainda assim o indivíduo for de fato incompetente, você deve examinar em quais funções ele se encaixa melhor e lhe dar novas tarefas. Se isso não for possível, ele deve ser substituído.

Esse raciocínio pode parecer frio e até cruel. Principalmente quando falamos em práticas menores, nas quais mantemos um contato bastante pessoal com as pessoas que trabalham ali. Muitos preferem ignorar erros e deficiências a tentar corrigi-los ou substituir as pessoas responsáveis pelas ocorrências.

Lembre-se: Uma corrente rompe-se pelo elo mais fraco. Se alguém ligado a sua prática não está desempenhando de modo eficaz, todos pagarão por isso. Pior, não é incomum que o profissional pague mais fortemente, tendo sua reputação manchada no mercado. Muitas reputações foram abaladas e carreiras prejudicadas sem que o profissional sequer soubesse o que ocorreu.

Conclusão

SE VOCÊ CHEGOU até aqui, antes de mais nada, gostaria de agradecer por sua paciência e companhia.

Muitas pessoas acreditam que escrever um livro é uma atividade solitária. Isso, no entanto, não é toda a verdade. É claro que se você tem este livro em mãos é porque num belo dia (ou em vários deles), eu resolvi sentar sozinho na frente do computador e escrever essas palavras. Mas a escrita e as palavras não fazem um livro.

Quem faz um livro são os seus leitores.

Se agora você desenvolveu uma visão um pouco diferente sobre a sua atividade profissional, se teve algumas ideias durante a leitura, se reavaliou velhos problemas ou até se surgiram novas dúvidas, este livro é tanto seu quanto meu. Não é apenas um punhado de palavras no papel, mas a experiência pela qual **você** passou enquanto lia o texto.

Da mesma maneira, qualquer atividade profissional não é apenas a entrega de algum procedimento específico. É a interação entre o prestador de serviço com as pessoas que ele escolheu atender que geram a experiência de um serviço de qualidade. Quando profissional e cliente estão em sintonia, a relação não é apenas uma transação comercial. Ela se torna aquilo com o qual a maioria dos profissionais sempre sonharam: o momento em que realmente podem brilhar e atender a sua vocação.

É isso que muitos profissionais, focados em procedimentos, não entendem. Técnicas, por si só, não chegam a lugar algum. É preciso ter a confiança daqueles que passarão por nossos procedimentos, deixá-los confortáveis e fazer o máximo para entregar aquilo que eles buscam. Ignorar isso e focar somente em nossas habilidades e técnicas é ignorar metade da realidade. Qualquer serviço profissional é formado de duas partes: o profissional e o cliente.

Em nosso caso, ao sentar e escrever o livro, cumpri apenas uma etapa. A segunda nós cumprimos juntos, quando você resolveu começar a leitura, chegando até aqui.

Agora, meu amigo ou minha amiga, é a sua vez. Agora é a hora de fechar esse texto e começar a agir no mundo real. Nessa etapa, infelizmente, não poderei estar ao seu lado. Desejo, então, boa sorte. Despeço-me e agradeço pela experiência de escrever para você.

Indicações de Leitura

Como combinamos no início do texto, buscando facilitar o entendimento procurei evitar citações e outros comentários técnicos. Se você tiver interesse, consulte a lista a seguir, na qual você pode se apoiar para continuar seus estudos.

Baker, R.J. *Pricing on Purpose: Creating and Capturing Value*. Hoboken, New Jersey: John Wiley & Sons, Inc., 2006.

Baker, W. *Achieving sucess through social capital: tapping the hidden resources in your personal and business networks*. San Francisco: Jossey-Bass, 2000.

Bazerman, M.H. *Judgment in Managerial Decision Making* (6ª ed.), John Wiley & Sons, Inc., 2006.

Castor, B.V.J. *Tamanho não é documento: estratégias para a pequena e a microempresa brasileira*. Curitiba: Ebel, 2006.

Castor, B.V.J. e Zugman, F. *Dicionário de termos de estratégia empresarial*. São Paulo: Atlas, 2008.

Dranove, D. e Marciano, S. *Estratégia: conceitos, ferramentas e modelos para profissionais*. São Paulo: Atlas, 2007.

Dunn, P. e Baker, R. *The Firm of the Future: A Guide for Accountants, Lawyers, and Other Professional Services*. Hoboken, New Jersey: John Wiley & Sons, Inc., 2003.

Gerber, M.E. *The E-Myth Revisited*. New York, NY: HarperBusiness, 1995.

Halfeld, M. *Investimentos: como administrar melhor seu dinheiro*. São Paulo: Editora Fundamento Educacional, 2001.

Kaplan, R.S. e Anderson, S.R. *Custeio baseado em atividade e tempo*. Rio de Janeiro: Campus/Elsevier, 2007.

Kotler, P. *Marketing para o século XXI*. São Paulo: Futura, 1999.

Maister, D.H. *Managing the Professional Service Firm*. New York, NY: The Free Press, 1993.

Maister, D.H.; Green, C.H. e Galford, R.M. *The Trusted Advisor*. New York, NY: The Free Press, 2000.

Peterson, R. *Desvendando a mente do investidor: o domínio da mente sobre o dinheiro*. Rio de Janeiro: Campus/Elsevier, 2008.

Rosenzweig, P. *Derrubando mitos: como evitar os nove equívocos básicos no mundo dos negócios*. São Paulo: Globo, 2008.

Sull, D.N. e Escobari, M.E. *Sucesso made in Brasil: os segredos das empresas brasileiras que dão certo*. Rio de Janeiro: Campus/Elsevier, 2004.

Thaler, R.H. *Nudge: Improving decisions about health, wealth and happiness*. New Haven and London: Yale University Press, 2008.

Zugman, F. *Administração para profissionais liberais*. Rio de Janeiro: Campus/Elsevier, 2005.

Zugman, F. *O mito da criatividade: desconstruindo verdades e mitos*. Rio de Janeiro: Campus/Elsevier, 2008.

   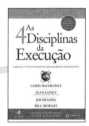

Todas as imagens são meramente ilustrativas.

SEJA AUTOR DA ALTA BOOKS!

Envie a sua proposta para: autoria@altabooks.com.br

Visite também nosso site e nossas redes sociais para conhecer lançamentos e futuras publicações!
www.altabooks.com.br

/altabooks • /altabooks • /alta_books

Impressão e acabamento:

Grupo Smart Printer
Soluções em impressão